인간 중심 리더십

인간 중심 리더십

초판1쇄 인쇄 2016년 12월 1일
초판1쇄 발행 2016년 12월 5일

지은이 서정문
펴낸이 김진성
펴낸곳 호이테북스

편집 허강, 김선우, 정소연
디자인 장재승
관리 정보해

출판등록 2005년 2월 21일 제2016-000006
주소 경기도 수원시 팔달구 정조로 900번길 13 202호(북수동)
전화 02-323-4421
팩스 02-323-7753
홈페이지 www.heute.co.kr
이메일 kjs9653@hotmail.com

© 서정문
값 13,000원
ISBN 978-89-93132-48-9 03320

리더십은 사람이 전부다!

인간 중심
리더십

서정문 지음

화이트북스

Contents

권위주의 리더십에서
인간 중심 리더십으로

동서고금을 막론하고 위대한 승리 뒤에는 반드시 위대한 리더가 있었고, 비참한 패배 뒤에는 실패한 리더와 리더십이 있었다. 유능한 리더는 조직의 성공을 보증하는 열쇠다. 반면 무능하고 무책임한 리더가 이끄는 조직은 이미 패배의 길로 들어선 것이나 다름없다. 국가든 기업이든 모든 조직의 붕괴는 외부적 요인이 아니라 내부의 무능한 리더와 잘못된 리더십에서 비롯된다.

미국 철학자 에머슨(1803~1882)은 '조직이란 한 사람의 영향력의 연장'이라고 강조했다. 우리는 역사상 한 사람의 위대한 리더가 얼마나 큰 영향을 미쳤는지 잘 알고 있다. 세종대왕이 없었다면 한글창제 등 조선의 문예부흥이 가능했겠는가. 임진왜란 당시 이순신(1545~1598)의 리더십이 없었다면 조선 수군의 기적 같은 승리가 가능했겠는가. 스티브 잡스(1955~2011) 없이 과연 애플의 성공을 말할 수 있겠는가. 2002년 한일월드컵에서 한국팀이 이룩한 4강 신화를 히딩크라는 리더 없이 설명할 수 있겠는가.

필자가 군 생활 내내 가슴에 품고 살았던 글귀가 있다. '용장 밑에 약졸 없다(勇將之下 無弱卒)'는 말이다. 간결한 이 글귀만큼 리더십에 대해 강렬한 교훈을 준 것도 없다. 리더가 강하면 부하들도 강하고, 강한 조직이 된다. 그리고 오랜 경험을 통해 가슴 깊이 깨달은 것이 있다. '리더의 역량이 조직의 역량'이고, 리더십은 '인간에 대한 존중'에서 시작된다는 평범한 진리였다.

현대사회는 리더와 리더십의 홍수 시대다. 국가와 군과 기업은 물론, 학교와 종교단체와 가정에서도 리더십에 대해 이야기한다. 과거에는 리더가 될 수 있는 인물이나 계층이 제한되었으나 지금은 누구나 리더가 되고 팔로워가 될 수 있다. 앞으로도 인류가 존재하는 한 리더와 리더십에 대한 관심은 사라지지 않을 것이다. 그러면 오늘날 리더와 리더십의 문제는 모두 만족스러운 것일까. 역설적으로 리더와 리더십에 대한 논의가 이렇게 봇물을 이루는 것은 그만큼 문제가 많다는 반증이다.

과거의 리더들은 지금보다 훨씬 유리한 환경에서 그 역할을 수행할 수 있었다. 그들은 태어날 때부터 리더의 유산을 물려받았으며, 자라면서 자연스럽게 리더십을 배웠고, 주위 사람들도 그들을 리더로 인정했다. 또한 모든 지식과 정보와 권력을 독점했기 때문에 팔로워들보다 절대적으로 유리한 위치에서 리더십을 발휘할 수 있었다.

하지만 지금은 어떤가. 지식과 정보는 모든 사람이 공유하고, 권력은 분산되었으며, 팔로워들의 힘은 커졌다. 그 결과, 이제 리더들은 과거와 같은 권력과 카리스마를 가질 수 없게 되었다. 과거보다 그 힘은 약해졌는데도 다루어야 할 조직은 더 크고 복잡해졌으며, 부하들은 더 똑똑해졌다.

이러한 시대에는 리더십도 달라져야 한다. 리더가 과거에는 명령하고 통제하는 사람이었다면, 이제는 구성원들의 자발적 참여와 창의성을 이끌어 내는 사람이어야 한다. 사람은 억지로 강요하기보다는 부드럽게 설득할 때 효과적으로 움직인다. 큰소리친다고 해결되는 시대는 지났다. 상대에 대한 존중과 배려를 통해 그들 스스로 움직이도록 만드는 힘, 그것이 바로 이 책에서 말하는 '인간 중심 리더십'이다.

필자의 경험에 따르면, 군과 같이 상명하복을 미덕으로 하는 조직에서도 인간 중심 리더십은 효용성이 있으며 더욱 필요하다. 기업이나 공공기관은 물론이다. 현대 사회에서 앞서 나가는 기업은 구성원을 배려하고 존중하는 기업이다. 이러한 문화가 정착된 기업일수록 성과가 좋다는 것은 생존경쟁이 치열한 경영 현장에서도 입증되고 있다.

이 글은 리더십에 대한 새로운 이론이 아니다. 리더십 현장에서 고민해 온 반성과 성찰의 기록이다. 군과 기업은 물론 모든 조직에서 인간 중심의 리더를 꿈꾸는 모든 사람들에게 작은 희망이 되길 기원해본다.

저자 서정문

새로운 시대,
새로운 리더십이 필요하다

 시중에 리더와 리더십에 관한 책은 많다. 하지만 실제 경험을 바탕으로 써진 책은 그리 많지 않다. 필자는 육군사관학교를 졸업하고 30년 가까운 군 생활을 통해 리더십 현장을 체험했고, 그 체험을 바탕으로 리더가 왜 필요하고, 무엇을 하는 사람인지, 그리고 어떠한 리더가 진정한 리더인지를 설명한다.

 오늘날 우리 사회의 많은 문제들은 리더십의 문제다. 국가나 조직의 위기는 곧 리더와 리더십의 위기다. 리더와 리더십은 우리가 끊임없이 관심을 가져야할 중요한 주제다. 현대 사회는 누구나 리더가 되고 팔로워가 된다. 따라서 리더십은 국가 지도자에게만 필요한 것이 아니고, 좁게는 가정에서부터 사회 조직 구성원 모두에게 필요하다.

필자는 일방적이고 권위적인 리더의 시대가 지났음을 선언하고, 책임을 회피하는 리더, 부하를 무시하는 리더, 편애하는 리더, 우유부단한 리더, 실수를 인정하지 않는 리더, 이기적인 리더가 사람과 조직을 죽이는 리더라고 진단한다.

그렇다면 필자가 생각하는 대안은 무엇인가. 바로 인간 중심 리더십이다. 인간 중심 리더십을 실천하기 위한 요소로 신뢰와 솔선수범, 책임감, 배려, 소통과 경청을 얘기한다. 그리고 부하들을 믿고 맡겨야 하며, 역지사지를 통해 그들을 이해하고, 부하들을 리더로 키우라고 강조한다. 얼핏 보면 쉽고 누구나 얘기할 수 있는 내용이다. 하지만 쉽게 볼 일만은 아니다. 세상의 어려움은 어려운 일을 못해서가 아니라 쉬운 것을 실천하지 못하는 데서 비롯된 것이다.

과거에는 리더를 중심으로 한 권위적이고 일방적인 리더십이 통했다. 이러한 리더십은 상황에 따라서는 효과를 발휘할 수 있으나, 장기적으로는 조직을 경직되게 만들고 부하들의 자율성과 창의성을 죽인다. 결과적으로 조직 전체의 효율성을 저하시키는 리더십이다.

현대 사회는 지식과 정보가 모든 사람에게 공유되고, 힘과 권위가 구성원 모두에게 분산된 사회다. 과거와 같이 일방통행식 리더나 리더십은 더 이상 통하지 않는다. 첨단 조직일수록 구성들의 창의성과 자발성이 조직의 효율성과 생산성에 큰 영향을 미친다. 따라서 현대의 리더십은 구성원의 다양한 욕구를 하나로 통합하고 그들이 자발적으로 움직일 수 있도록 만드는 것이 무엇보다도 중요한 과제다.

이러한 측면에서 필자가 얘기하는 인간 중심 리더십은 강력한 대안이 될 수 있다. 사실 이러한 리더십은 이미 역사상 위대한 리더들이 모두 실천했던 리더십이다. 이 책은 쉽게 써졌지만 가볍지는 않다. 이 책이 21세기 새로운 조직문화와 인간 중심 리더십을 꿈꾸는 많은 이들에게 좋은 길잡이 될 것으로 확신하며 일독을 권한다.

미래경영연구원 원장 오정환

1장

♪♩

왜 리더,
리더십인가

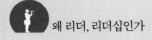 왜 리더, 리더십인가

1
리더 없이는
조직도 생존도 없다

'인간은 사회적 동물'이다. 고대 그리스의 철학자 아리스토텔레스의 말이다. 그러나 인간만이 사회적 동물은 아니다. 지구상에 존재하는 생물은 대부분 집단을 이루며 살아간다. 집단을 이루며 사는 생물은 모두 사회적 동물이라 할 수 있다. 사자나 늑대와 같은 포식자는 물론 코끼리, 원숭이, 사슴 등 초식 동물들도 대개 집단을 이루며 살아간다.

동물뿐만이 아니다. 개미나 벌, 곤충들도 집단을 이루어 생활한다. 그렇게 집단을 이룬 개체들에게는 반드시 무리를 이끄는 리더가 존재한다. 이러한 현상은 인간 사회에서 더욱 두드러진다. 국가와 군, 기업은 물론 사적인 동창회나 동아리, 가정에서도 리더가 존재한다.

그렇다면 대부분의 생물들이 집단을 이루고 그 집단에 리더가 존재하는 이유는 무엇일까? 여러 가지 이유가 있겠지만, 무엇보다도 무리의 안전과 생존과 번영에 필요하기 때문이다. 표범이나 호랑이와 같이 단독으로 생활하는 동물도 있지만, 단독으로 생활하면 대부분의 경우 적의 공격에 취약할 수밖에 없고, 자신보다 큰 먹잇감을 공격하는 데도 한계가 있을 수밖에 없다. 이처럼 생존을 위해 집단을 형성하고 오랜 세월을 거쳐 오면서 리더의 필요는 하나의 전통과 유전이 되었을 것이다.

무리에서 리더라는 존재가 필요한 이유는 무엇보다도 효율성 때문이다. 무리를 이끄는 리더가 없으면 구성원 전체가 효율적으로 활동하기 힘들다. 개인이건 조직이건 목표가 없으면 앞으로 한 발짝도 나아갈 수가 없다. 그리고 아무리 민주적인 조직이라도 모든 것을 구성원 전체가 참여해서 결정할 수는 없다. 이처럼 조직 전체의 목표와 방향을 정하고, 구성원 모두가 같은 방향으로 움직이게 만드는 것이 리더의 역할이고 존재 이유이다.

목표와 방향을 모르는 집단은 나침판 없이 망망대해를 향해

하는 배와 같다. 이러한 배는 표류하다가 좌초하거나 엉뚱한 곳으로 흘러갈 수밖에 없다. 따라서 리더는 조직이 길을 잃지 않고 나아가게 하는 나침반과 같은 존재이다.

조직의 목표와 방향을 결정하는 데 구성원들의 다양한 의견을 듣는 것은 필요하고 바람직한 일이다. 하지만 최종 대안을 선택하고 결정하는 것은 리더의 몫이다. 더구나 긴급한 위기상황에서 리더의 신속한 결단은 구성원과 조직의 생사를 가른다. 만일 세월호 침몰 당시 선장이 신속하게 탈출 지시를 했더라면 어떻게 됐을까? 그 많은 사람들이 비극적인 죽음을 맞지 않았을 것이다.

리더가 없으면 조직은 산만한 집합체에 불과하며, 오합지졸이 되기 쉽다. 리더는 조직 통합의 구심점이자, 추진력을 불러오는 엔진이다. 조직은 리더라는 구심점이 있을 때 비로소 하나의 팀으로 완성된다. 이러한 이유 때문에 능력 있고 믿을 수 있는 사람을 리더로 세워 조직을 이끌게 하는 것이다. 리더가 없으면 조직도 생존도 결코 담보할 수가 없다.

2
리더는
조직 통합의 구심점이다

우리 속담에 '구슬이 서말이라도 꿰어야 보배'라는 말이 있다. 구슬은 그 자체로도 물론 가치가 있다. 하지만 이것들을 하나로 묶으면 아름다운 보석이 되어 그 진가가 더욱 드러난다. 조직 구성원 한 사람 한 사람은 흩어져 있는 구슬과 같은 존재다. 리더는 이렇게 흩어져 있는 구슬을 하나로 묶어 명품 보석을 만들듯 모든 구성원들을 하나로 통합하는 존재이다.

자전거 바퀴를 한번 생각해보자. 만약 축이 없다면 자전거는 하나의 고철덩어리에 불과할 것이다. 자전거의 바퀴살 하나하나는 힘이 약하지만 중심을 잡아주는 축이 있으면 엄청난 힘을 발휘한다. 리더는 거대한 조직에서 자전거 바퀴의 축과 같이 중심을 잡아주는 존재이다.

공기가 있을 때는 공기의 중요성을 잘 모르기 마련이다. 마찬가지로 조직이 잘 돌아갈 때는 리더의 중요성을 제대로 인식하지 못한다. 하지만 어떠한 이유에서든 리더가 없는 상황이 되면 조직은 느슨해지고 산만해진다. 그러면 그제야 조직원들은 리더의 중요성을 인식한다. 특히 군과 같은 조직에서 지휘관은 절대적인 존재이다.

고등학교를 졸업하던 해에 아버지가 돌아가시자 필자는 이러한 점을 절실히 깨달았다. 필자가 아무런 준비도 하지 못한 채, 가정의 리더이자 기둥이셨던 아버지가 갑작스레 돌아가시자 집안은 자전거 축이 빠진 것처럼 삐걱거렸다. 아버지는 과거의 권위주의적인 가장과는 거리가 머셨다. 항상 조용하셨고 큰소리 한번 치는 일 없이 묵묵히 자리를 지키셨기에 필자는 아버지의 큰 그늘을 그때는 미처 알지 못했다.

가정의 구심점이 사라지자 어머니가 그 역할을 이어받았다. 하지만 정작 어머니는 자신도 추스르지 못한 채 한계를 드러내셨다. 아버지가 계실 때는 쉽게 결정했던 가정의 대소사들도 어머니가 쉽게 결정하지 못하시자 집안 식구들끼리 서로 반목하는 경우도 생겼다. 30년이 지난 지금도 나는 아버지의 부재가 절실하게 다가온다.

어느 집단이든 그 집단의 발전과 성패는 그 집단이 가진 에너지를 어떻게 극대화하고, 활용하는가에 달려 있다. 조직의 역량은 구성원들이 가진 에너지의 총합이라 할 수 있다. 하지만 조직의 총에너지가 단순히 구성원 각자가 지닌 힘의 산술적인 합이 되어서는 곤란하다. 리더는 구성원들이 가진 능력을 최대한 발휘하도록 만들고 그 노력을 통합해 시너지를 내도록 하는 사람이다.

남아공의 넬슨 만델라 전 대통령은 전 세계 많은 사람들의 존경을 받으며 1993년 노벨 평화상을 수상했다. 그가 존경받는 이유는 특정 정파나 지역을 넘어 국민과 국가를 하나로 묶는 통합의 리더였기 때문이다. 국가지도자가 특정 지역이나 정파에 지나치게 치우쳐 나머지 지역과 국민을 적으로 돌린다면 어떻게 되겠는가. 이러한 지도자가 전 국민의 존경을 받을 수 있겠는가?

어떤 조직이건 사람이 모인 곳이면 갈등과 분열이 존재하기 마련이다. 서로 다른 문화와 가치관, 개성을 가진 인간들과 이해

관계가 존재하기 때문이다. 우리 사회는 갈등과 분열이 특히 심하다. 남북 간의 분단, 지역 갈등, 이념 및 세대 간 갈등이 존재하는데다 학연과 지연 등 비공식적인 집단까지 더해져 갈등과 분열을 더욱 부채질한다. 이러한 갈등과 분열을 넘어 화합과 통합을 해야 생존하고 번영할 수 있다. 이렇듯 조직의 다양하고 이질적인 요소를 하나로 통합하는 것이야말로 리더의 역할이다.

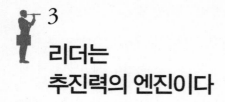

3
리더는
추진력의 엔진이다

　아무리 크고 멋진 외관을 가진 자동차라 할지라도 강한 엔진
이 없으면 무용지물이 된다. 조직도 마찬가지다. 아무리 큰 조직
이라도 그 조직을 움직이는 추진력을 갖춘 리더가 없으면 무용
지물이다. 거대한 선박이 보이지 않는 엔진의 힘으로 움직이듯
이 리더는 조직을 움직이는 에너지원이자 엔진 같은 존재이다.
거대한 눈사태도 실은 작은 단초에서 시작되고 자동차도 처음
에는 작은 불꽃으로 움직이지 않는가.

　이와 같이 리더는 큰 조직을 움직이게 하는 보이지 않는 촉매
제 역할을 한다. 만약 리더가 없다면 구성원들은 누군가가 시동

을 걸어주기를 기다리며 움직이지 않을 것이다. 그들에게 능력이나 의지가 부족해서가 아니라 선두에서 진두지휘를 하는 사람이 없기 때문이다.

나가모리 시게노부 일본전산 사장은 "사람은 능력 차이는 5배, 의식의 차이는 100배"라고 말했다. 사람들은 의식에 따라 추진력에서 최대 100배까지 차이가 나고, 그 차이가 엄청난 결과를 초래한다는 것이다. 시게노부는 구성원들이 혼신을 다해 조직 전체의 목표에 집중하면 목표의 절반은 이미 달성한 것이라고 강조했다.

리더십 전문가들의 말에 따르면 실패하는 리더의 70%는 실행력이 없다고 한다. 조직의 성패를 좌우하는 것은 아이디어와 계획이 아니라 행동으로 옮기는 추진력에 있다. 많은 조직들이 너무 완벽한 계획, 너무 많은 정보를 원하는 반면 행동을 소홀히 하는 경향이 있다. 신중한 것은 좋지만, 그것이 지나쳐 어떤 일을 추진도 해보지 못한다면 무슨 성과를 기대할 수 있겠는가.

CEO리더십연구소의 김성회 소장은 『우리는 강한 리더를 원한다』에서 '좋은 리더'가 아니라 '강한 리더'가 되라고 강조한다. 많은 리더들이 교과서 속의 리더십을 실천하려고 노력하다가,

즉 '맞지 않는 옷'을 억지로 몸에 꿰어 맞추려하다가 오히려 실패한다. 따라서 우리는 상황을 전제하지 않은 단면적인 '리더십만병통치'의 환상에서 벗어나야 한다. 그리고 다음의 말을 항상 유념해야 한다.

"리더의 영향력은 권위적인 명령만으로도, 애걸과 영합만으로도 얻어지지 않는다. 비타민은 사람들에게 중요한 영향소이지만 비타민만 먹어서는 건강이 유지되지 않는 것과 같은 이치다. 권력, 신뢰, 소통력이 잘 버무려져야 리더와 조직 구성원이 하나가 되어 목표를 향해 질주하고 기대 이상의 성과를 이룰 수 있다."

리더가 무조건 몰아붙이거나 포용만 해서는 제대로 성과를 내기가 어렵다. 독수리가 양쪽 날개로 날듯이, 리더도 '냉정'과 '온정'의 양 날개로 리더십을 발휘해야 한다. 어느 하나만 있으면 추락할 수밖에 없다.

리더의 추진력은 강한 리더십에서 나오고, 강한 리더십은 어떠한 어려움에도 굴하지 않는 의지와 배짱에서 나온다. 때로는 욕먹을 각오도 해야 한다. 모든 사람과 상황을 다 고려하다 보면 결단의 시기를 놓치거나 결심을 해놓고도 계속 망설이게 된다. 모든 것이 완벽하게 준비되었을 때 시행하는 것은 좋지만, 그러한 때는 거의 존재하지 않는다. 서로 비슷한 능력과 조직을 가지고 경쟁하는 상황에서 완벽한 시기만을 고집하다가는 끝내 기회를 놓치고 만다.

자메이카 태생의 흑인 2세로 미국 최초의 합장의장이 된 콜린 파월은 '70% 정보론'을 주장했다. 원하는 정보의 70% 정도만 모아지면 과감히 실행해야 한다는 것이다. 100%가 되기를 기다리면 이미 적도 다 알게 되어 계획을 실행도 해보기 전에 폐기해야 하는 상황에 직면할 수 있기 때문이다.

중국의 병법가 손자도 전쟁에서는 완벽한 준비보다 '졸속(拙速)'이 낫다고 강조했다. 전쟁이든 기업운영이든 많은 자원이 들어간다. 오래 끌면 끌수록 비용이 더 늘어나고, 성공한다 해도 그만큼 많은 대가를 치러야 한다. 그렇게 되면 승리하고도 승리한 것이 아니요, 성공하고도 성공한 것이 아니다.

이것은 지나치게 신중하거나 완벽을 추구하는 리더가 빠지기 쉬운 함정이다. 특히 배려심이 지나친 리더의 경우, 부하들의 입장을 고려하거나 인정에 끌리다보면 그러한 함정에 빠지기 쉽다. 그래서 필자는 정보뿐 아니라 모든 상황이나 여건이 70% 정도 충족되면 과감히 추진해야 한다고 본다. 모든 사람의 찬성은 기대할 수 없으며, 어떠한 경우든 여건이 100% 충족되는 경우는 없기 때문이다.

조직의 모든 성과는 실천과 행동의 결과물이다. 우리는 흔히 예상치 못했던 놀라운 성과를 '기적'이라고 말한다. 기적은 강력한 추진력의 산물이다. 어떠한 경우든 조직이 추진력을 내기 위해서는 구성원의 열정이 모아져야 한다. 구성원들이 하나의 목표에 열정과 에너지를 쏟게 만드는 것, 그것이 바로 리더십이고 리더의 역할이다.

고인이 된 애플의 스티브 잡스는 강한 리더를 넘어 독재형 리더로 불렸다. 그는 강력한 카리스마로 조직을 이끌었고, 때로는 거만하고 고집불통이었으며, 괴팍하고 직설적인 성격으로 직원들을 몰아붙였다. 하지만 그는 제품에 대한 최고의 완벽주의, 고객과 미래에 대한 확고한 비전을 바탕으로 조직 전체를 하나의 목표에 몰입하도록 만들었다. 오늘날 애플이 IT업계를 선도하는 세계적인 기업이 된 것은 스티브 잡스의 이러한 추진력 덕분이었다.

리더의 추진력은 강한 책임감에서 나온다. 모든 것을 책임지겠다는 각오 없이 과감한 행동은 나오지 않는다. 새롭고 도전적인 프로젝트를 추진하면 성공에 대한 보상도 크지만 그만큼 위험도 뒤따르기 마련이다. 모든 책임을 지겠다는 리더의 결단이 없이 그러한 일은 시작할 수 없다.

대개 높은 성과를 내는 조직들은 완벽한 계획에 집착하기보다는 강한 추진력을 갖춘 조직이다. 이러한 추진력을 내기 위해서는 리더 자신이 용광로와 같은 열정을 가진 사람이 되어야 한다. 리더가 식은 냄비 같다면 그 속에 무엇을 넣어도 끓지 않는다.

좋은 아이디어와 계획이 있어도 실행하지 않으면 아무 일도 일어나지 않는다. 완벽하지 않더라도 일이 추진되었을 때에만 성과를 기대할 수 있다. 거대한 배가 보이지 않는 엔진의 힘으로 움직이듯, 거대한 조직을 움직이는 것은 리더의 추진력이다. 리더는 추진력의 엔진이 되어야 한다.

4

리더의 역량이
조직의 역량이다

역사적으로 보았을 때, 한 국가나 한 조직의 성패는 그 조직 리더의 성패와 일치했다. 로마의 평화와 번영을 이끈 5현제(賢帝), 당나라의 번영과 당 태종, 조선의 문예부흥을 이끈 세종대왕 등 그러한 예는 어디서든 쉽게 찾아볼 수 있다. 이들의 리더십을 빼놓고 당대의 부흥과 성공을 말한다는 것은 거의 불가능하다. 이처럼 국가를 비롯한 모든 조직의 발전과 성공에는 뛰어난 리더가 존재했다.

"리더의 역량이 조직의 역량"이라는 에머슨의 말이나 "한 마리의 양이 이끄는 백 마리의 사자군단보다 한 마리의 사자가 이끄는 백 마리 양의 군단이 낫다."는 말은 모두 리더의 중요성을 강조한 것이다. 이러한 사실을 극단적으로 보여주는 역사적 사례가 바로 임진왜란 당시 이순신과 원균이다. 그들은 같은 병력과 장비로 일본의 수군에 맞서 싸웠으나 결과는 180도 달랐다. 이순신은 23전 23승이라는 불패신화를 남긴 반면, 원균은 단 한 번의 싸움에서 모든 것을 잃고 조선을 풍전등화의 위기로 몰아넣었다.

이것을 무엇으로 설명할 수 있겠는가. 물론 전투의 패배 원인을 원균 한 사람에게 돌리는 것은 원균으로서는 억울한 측면도 있을 것이다. 전쟁에 대해 전혀 모르는 선조와 당시 조정 대신들의 강요로 충분한 준비도 없이 서둘러 출전해서 패배할 수밖에 없었다고 얘기할 수도 있을 것이다. 그렇다 해도 총사령관이었던 원균의 책임이 사라지거나 줄어들지는 않는다.

이러한 사례는 현대의 기업이나 스포츠의 세계에서도 쉽게 찾아볼 수 있다. 기업이나 조직이 어려움에 처했을 때 가장 먼저 단행하는 일이 바로 지도부 교체이다. 대표적으로 1978년 미국 자동차 업계 Big3 중 하나인 크라이슬러가 파산에 직면했을 때 포

리 아이아코카

드사에서 해고되어 절치부심하던 리 아이아코카를 영입하여 회사를 극적으로 회생시킨 사례가 있다. 또한 1981년 GE의 최연소 회장으로 취임한 후 2001년 퇴임 시까지 가전업체에 머물렀던 제너럴 일렉트릭(GE)을 비행기 엔진과 의료기기, 금융과 미디어 등을 아우르는 세계 최대 기업으로 만든 잭 웰치 같은 인물도 있다.

프로스포츠의 세계에서도 팀이 위기에 빠졌을 때 감독을 교체한 것만으로도 팀이 완전히 달라진 경우를 볼 수 있다. 감독의 역량에 따라 같은 선수, 같은 여건인데도 전혀 다른 팀이 되기도 하고, 과거 빛을 보지 못하던 선수가 출전 기회를 얻어 좋은 성적을 내기도 한다. 그만큼 조직에서 차지하는 리더의 비중은 크다.

한국전쟁 당시 맥아더(1880~1964) 장군의 인천상륙작전은 한 사람의 뛰어난 리더가 전쟁의 승패는 물론 국가의 운명을 좌우할 수 있다는 점을 여실히 보여준 사례라 할 수 있

잭 웰치

다. 당시 미군 수뇌부는 인천상륙작전 계획에 부정적인 생각을 가지고 있었다. 육군과 해군은 물론이고 미 해병은 초기 단계부터 반대의견을 표했다. 특히 해군 측에서는 인천지역이 조수 간만의 차가 심하고 상륙작전에 많은 제한요소를 지니고 있다는 이유로 심하게 반대했다. 그러나 맥아더는 다음과 같은 이유로 인천상륙작전을 주장했다.

"북한군의 병참선이 과도하게 신장되어 있어 서울에서 신속하게 차단할 수 있으며, 전투부대는 모두 낙동강 전선에 투입되어 있고, 훈련된 예비 병력이 거의 없다."

또한 그는 전략적, 정치적, 심리적 이유를 들어 서울을 신속히 탈환해야 한다고 생각했다. 그는 인천상륙작전이 반드시 성공한다는 확신을 가지고 반대파들을 끈질기게 설득했다. 결과적으로 맥아더의 뛰어난 전략적 식견과 결단력으로 인천상륙작전은 성공했고, 이는 한국전쟁을 승리로 이끈 원동력이 되었다.

많은 사람들이 시대가 변하고 조직이

맥아더 장군

변했다고 말한다. 그렇다 해도 리더의 중요성은 결코 축소되지 않고 있다. 훌륭한 리더가 있느냐 없느냐에 따라 구성원들의 능력이 발휘되기도 하고, 그렇지 않을 수도 있기 때문이다. 리더가 어떤 생각을 하고 어떤 꿈을 꾸는가에 따라 조직의 크기와 미래가 결정된다. 리더의 성공이 조직의 성공이며, 리더의 실패가 조직의 실패인 것이다.

일에 꼭 들어맞는 뛰어난 산업 공학이
사람에게는 최악의 인간 공학이 될 수 있다.
• 피터 드러커 •

2장

♪

리더의 존재 의미와
다섯 가지 역할

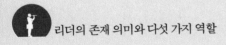 리더의 존재 의미와 다섯 가지 역할

1

사람의 마음을
움직이는 예술가

사람은 무엇으로 움직일까? 저마다 다양한 동기와 이유가 있을 것이다. 돈이나 명예, 권력이 강력한 동기일 수도 있고, 미래의 꿈이나 자아실현과 같이 추상적인 가치도 중요한 동기가 될 수 있다. 그러나 동기나 이유가 무엇이든 간에 사람을 움직이려면 먼저 마음을 얻어야 한다.

사람의 마음을 움직이려면 우선 그들을 알아야 한다. 하지만 "열 길 물속은 알아도 한 길 사람 속은 모른다."는 말처럼 사람 마음을 알기란 쉽지 않다. 어느 순간 이것인가 싶으면 다음 순간 변하기 때문이다. 그렇다고 포기할 수도 없다. 상대를 이해하는 일이야말로 리더십의 시작이기 때문이다.

필자도 군 지휘관 시절 부하들의 특성을 파악하고 이해하는 일이 큰 과제였다. 그들이 어떤 생각을 하는지, 무엇을 원하는지 알아야 그 문제를 해결할 수 있을 것이 아닌가. 그들의 마음을 알기 위해 직접 면담도 하고, 소원수리도 접수하며 여러 가지로 노력을 했으나 얼마나 그들의 가슴에 다가갔는지 알 수 없다.

수학이나 과학 문제는 대개 공식에 대입하면 쉽게 풀 수 있다. 하지만 리더십은 수학이나 과학이 아니다. 사람의 마음은 수학 공식처럼 쉽게 풀리지도 않는다. 부하들의 신뢰를 바탕으로 그때그때 리더가 공식을 만들고 풀어야 한다.

사람은 각각의 악기와 같아서 그 특성과 소리 내는 방식이 다르다. 리더는 오케스트라의 지휘자처럼 구성원들이 갖고 있는 각자의 개성을 살리면서도 한 팀으로 만들어 하모니를 만들어 내야 한다. 따라서 리더십은 과학이기보다는 예술적인 창조 행위에 가깝다.

조직이 일을 한다고 말하는 사람이 있다. 하지만 이 말은 반은 맞고 반은 틀린 말이다. 어느 조직이든 가장 중요한 자원은 사람이다. 일은 조직에 의해 이루어지지만 그 조직을 구성하는 것은 책상과 컴퓨터와 복사기가 아니라 사람이다. 사람은 명령하고 지시하는 대로 일을 수행하는 단순한 기계가 아니다. 자유로운 영혼을 가진 존재이며, 자신만의 꿈과 비전이 있다. 그들은 리더로부터 인정과 격려를 받고 자신의 꿈과 비전을 실현할 수 있을 때 헌신적인 노력을 다한다.

리더십은 구성원과의 다양한 관계 속에서 이루어지는 리더의 영향력이다. 그렇다고 영향을 주는 모든 행위를 진정한 리더십이라고 말할 수는 없다. 물질적 보상이나 물리적 강제력도 사람을 움직이는 강력한 요소지만, 이것들만으로 지속적인 영향력을 발휘하기란 쉽지 않다.

성과에 따른 적절한 보상과 처벌은 물론 리더십의 중요한 요소이다. 일을 잘하는 부하들에게 적절한 보상을 하고 그렇지 못한 부하들에게 채찍을 가하는 것은 당연하고 합리적이다. 그래서 과거에는 보상과 처벌 대상을 엄격히 구분하고 신상필벌을 잘하는 것이 훌륭한 리더의 덕목이었다.

하지만 사람은 그렇게 단순하지 않다. 때로는 큰 경제적 보상이 없어도 움직이는 반면, 자존심이 상하면 아무리 큰 보상을 해도 움직이지 않는다. 그렇다면 도대체 무엇이 사람의 마음을 움직이는 것일까?

지식생태학자이자 지식산부인과 의사를 자처하는 한양대학교 유영만 교수는 『생각지도 못한 생각의 지도』에서 사람은 머리로 이해해도 가슴으로 느껴지지 않으면 행동으로 옮기지 않는다며 이렇게 말했다.

"세상을 지배하는 사람은 머리보다 마음을 뒤흔드는 사람입니다. 위대한 리더일수록 팀원의 머리가 아닌 마음을 공략합니다. 리더는 시간이나 일을 관리하지 않고 팀원의 마음을 관리하는 사람입니다. 마음을 움직이면 시간과 일은 팀원이 알아서 관리합니다. 나아가 지금 하고 있는 일에 몰두하고 몰입하여 열정을 쏟아붓습니다. 팀원은 자신을 알아주는 리더에게 자신의 모든 것을 던집니다."

이처럼 마음이 움직이면 감동이 오고 감동을 해야 행동을 할 수 있다. 따라서 리더는 소통과 공감을 통해 신뢰를 얻고, 신뢰를 바탕으로 구성원들의 자발적인 충성을 이끌어 내야 한다. 이것은 구성원들이 리더의 인품과 역량에 대한 믿음이 있을 때 가능하다.

다중지능이론을 개발한 하버드대학교 교육심리학과의 하워드 가드너(Howard Gardner)교수는 리더십을 '체인징 마인드(changing mind)'라고 정의했다. 사람의 몸이 아니라 그들의 마음과 영혼을 움직이는 것이 리더십이라는 것이다. 인간은 물질적인 보상을 넘어선 가치와 이상, 꿈과 비전처럼 보다 의미 있는 것에 열광한다. 바람직하고 지속가능한 리더십은 명령과 지시, 물리적 강제력을 넘어 영혼을 움직이는 감동이 있어야 한다.

2

조직의 나아갈 목표와 방향을 제시하는 나침반

목표가 정해지지 않으면 조직이 갖고 있는 자원과 에너지가 통합되지 않는다. 전쟁의 원칙 중에 '목표의 원칙'이 있다. 목표가 뚜렷하고 적절해야 전투력을 집중할 수 있고, 전투력을 집중해야 승리할 수 있다는 것이다.

전투력의 집중은 승리와 직결된다. 나폴레옹이나 이순신 장군이 승승장구할 수 있었던 비결도 적절한 목표를 선정하고 거기에 에너지를 집중한 결과다. 목표가 지나치게 많거나 모호하면 노력이 낭비되어 좋은 성과를 낼 수 없다. 개인이나 기업도 마찬가지다. 우리 삶도 뚜렷한 목표와 방향이 없으면 늘

불안하고, 노력해도 성과가 나오지 않는다. 청소년기에 갈등하고 방황하는 이유도 목표와 방향을 모르기 때문이다.

필자는 초급장교 시절 강원도의 최전방 수색대대에서 근무했다. 하계훈련 중에 대대 병력이 1,200미터가 넘는 대암산을 넘게 되었다. 필자는 선두중대장으로서 대대 병력을 인솔하는 임무를 맡았다. 부대가 저녁식사를 마치고 행군을 한 지 채 두 시간도 지나지 않아 주변은 한 치 앞도 분간할 수 없는 칠흑으로 변했다. 설상가상으로 지도상의 길들은 초목으로 완전히 뒤덮여 찾기 어려웠고, 울창한 산림은 희미한 별빛조차 허락하지 않았다.

500명이 넘는 병력이 이미 산길로 접어들어 되돌릴 수도 없는 상황이었다. 난감했다. 어디쯤인지, 어디로 가야할지 방향과 목표를 가늠할 수 없어 일시적인 공황 상태에 빠졌다. 지휘부와 무전연락도 끊어졌다. 설령 연락이 된다고 해도 현재 위치와 방향을 알 수가 없으니 큰 도움이 될 수도 없었다. 누구와도 상의할 수 없는 고독한 순간이었다.

그 자리에서 멈추면 모두가 위험에 빠질 수 있어 어떻게든 목표와 방향을 정해야 했다. 고심 끝에 비교적 건장한 병사 10

명을 선발하여 앞에서 길을 내면서 산을 오르기로 결정했다. 한여름 밤에 아마존 정글 같은 험준한 산을 뚫고 나가는 것은 대단히 위험하고 힘들었다. 여기저기서 썩은 통나무가 쓰러지는 소리와 돌이 굴러가는 소리, 병사들의 외마디 소리가 들려왔다. 불안과 공포가 밀려왔지만 리더로서 당황한 모습을 보일 수는 없었다.

그렇게 어둠을 뚫고 부하들을 격려하면서 정상에 도착했을 때는 먼동이 트는 새벽이었다. 비록 4시간 안에 가야 할 거리를 10시간 넘게 사투를 벌여 도착했지만 한 명의 부상자나 낙오자 없이 도착할 수 있었다.

그때의 생생한 경험을 통해 필자는 리더가 어떤 존재이고, 무엇을 해야 하는지 비로소 깨달을 수 있었다. 위기의 순간에 조직이 나아갈 목표와 방향을 제시하는 사람이 바로 리더라는 것이었다. 올바른 목표와 방향을 결정하는 것이 조직의 생존과 번영과 직결된다는 것도 실감했다.

『손자병법』「모공편(謀攻篇)」에 '상하동욕자승(上下同欲者勝)'이라는 말이 있다. "위아래가 모두 같은 것을 바라면 이긴다."는 뜻이다. 다시 말해 윗사람과 아랫사람, 군주와 장수, 군주와 백성이 같은 걸 바라면 승리할 수 있다는 뜻으로, 현대적으로 풀이하면 상하가 목표나 비전을 공유하면 승리한다는 의미다.

상하가 바라는 바가 같으려면 서로 공감할 수 있는 공통의 비전이 있어야 한다. 미래에 대한 꿈과 비전이야말로 사람들의 마음을 하나로 만드는 원동력이기 때문이다. 『어린왕자』의 저자인 생텍쥐페리는 "만일 당신이 배를 만들고 싶다면, 사람들을 불러 모아 목재를 가져오게 하고 일을 지시하고 일감을 나눠주는 등의 일을 하지 마라! 대신 그들에게 저 넓고 끝없는 바다에 대한 동경심을 키워줘라."고 했다. 구체적인 지시가 아니라 목표와 비전을 제시하면 구성원들은 스스로 움직인다.

1981년 GE의 최연소 최고경영자가 된 잭 웰치는 이후 5년 연속 '성공적인 경영인상'을 받았다. 수상 인터뷰에서 한 기자가 "어떻게 이런 놀라운 성과를 내게 되었느냐?"고 물었을 때, 그는 "내가 가고자 하는 방향과 직원들이 가는 방향이 같았기 때문입니다."라고 답했다. 이처럼 조직의 목표와 방향의 설정은 최고 리더의 중요한 역할이다. 잭 웰치는 회사에서 마주치는 직원들에게 다음과 같은 3가지 질문을 종종 던졌다고 한다.

1. 당신의 목표는 무엇인가?

2. 지금 그 목표는 어떻게 진행되고 있는가?

3. 내가 뭘 도와주면 되는가?

그가 이러한 질문을 던진 이유는 무엇일까? 목표가 직원 개개인의 마음속에 새겨져 있으면 매일매일 그것이 업무의 기준이 될 수밖에 없다고 생각했기 때문이다.

하버드 경영대학원의 엘리자베스 모스 캔터 교수도 거대하지만 민첩한 기업의 공통점으로 '비전 공유'를 들었다. 구성원들이 전체의 목표와 비전을 공유했을 때, 조직은 한 방향으로 일사분란하게 움직일 수 있다. 모두가 비전을 공유하면, 어떤 문제에 봉착하더라도 당황하지 않고 스스로 나아갈 방향을 찾을 수 있고, 팀워크도 자연스럽게 만들어진다.

기업이나 조직은 바다에 떠 있는 배와 같다. 바다가 아무리 넓고 거칠어도 가는 방향만 알고 있다면 아무런 문제없이 앞으로 나아갈 수 있다. 아무리 어려운 임무라도 목표와 방향을 알면 어떻게든 해결이 가능하다. 국가나 조직의 가장 큰 위기는 어려움이 닥쳤을 때가 아니라 현재 어디에 있으며, 어디로 가야할지 모를 때다.

인생의 성패는 속도가 아니라, 방향이라는 말이 있다. 조직의 성패도 속도가 아니라 방향에 있다. 모든 사람이 눈앞의 성과에 집착해 미래를 보지 못할 때 조직이 나아갈 방향을 제시하는 사람, 그 사람이 바로 리더다.

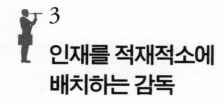

3
인재를 적재적소에
배치하는 감독

 '인사가 만사(萬事)'라는 말은 동서고금의 진리다. 인사가 만사가 되려면 적재적소에 인재를 배치해야 한다. 적재적소란 적합한 인재를 적합한 자리에 앉히는 것이다. 앞서 언급한 것처럼 조직은 사람이며, 가장 중요한 자원도 사람이다. 훌륭한 인재를 뽑아 적합한 자리에 앉히면 그 조직은 이미 절반은 성공한 것이다.

 TV에서 흑산도 홍어에 대한 특집 방송을 한 적이 있다. 근해에서 어족 자원이 점점 줄어드는 것은 홍어도 예외가 아니다. 그래서 더욱 귀한 대접을 받는다. 홍어를 잡으려고 친 그물에 올라온 고등어는 어부에게는 잡어일 뿐이다. 우리는 이처럼 쓸모없는 사람이나 물건을 가리켜 흔히 '무용지물(無用之物)' 이라고 표현한다. 그러나 엄격히 말해서 무용지물은 없다. 모든 사물은 언제, 어떻게 쓰이느냐에 따라 귀중한 보물도 되고, 잡초도 된다. 아무리 뛰어난 사람이라도 자신과 맞지 않는 자리에서는 능력을 발휘할 수 없고, 다소 부족해도 자신과 잘 맞는 일을 하면 좋은 성과를 낼 수 있다.

필자는 북한산을 자주 오른다. 북한산에 오랫동안 남아 있는 성벽을 유심히 살펴보면 반듯한 돌뿐 아니라 모난 돌들도 그 틈에 끼여 튼튼한 성벽을 이루고 있다. 조직도 마찬가지다. 다양한 인재가 모여 균형을 이루어야 강하고 훌륭한 조직이 된다.

사람은 누구나 한 가지씩은 장점을 갖고 태어난다. 이것을 어떻게 활용하느냐에 따라 한 사람의 인생과 조직의 성패가 갈린다. 구성원들이 갖고 있는 특기나 장점을 어떻게 효율적으로 활용하느냐는 조직의 사활과 직결되는 중대한 문제이다.

GE의 전 CEO였던 잭 웰치는 "조직에서 리더의 가장 중요한 임무는 사람을 뽑고 배치하는 것"이라고 말했다. 모든 리더들이 자신이 가진 에너지의 80퍼센트는 인재를 뽑고 배치하는 일에 사용해야 한다고 강조한 것이다. 조직의 성패가 적재적소에 달려 있다고 생각했기 때문이다.

삼성그룹 창업자인 고 이병철(1910~1987) 회장도 '기업은 사람이다'는 경영원칙으로 '적재적소'를 경영의 요체로 생각했다. 그래서 인사 때마다 수개월을 고민하며 여러 차례 수정했다고 한다. 그는 직원들의 능력을 파악하여 적절한 곳에 배치하고 권한을 주어 소신껏 일하도록 하는 것이 경영자의 가장 중요한 의무라고 생각했다. 또한 직원들이 각자의 위치에서 맡은 역할을 충실히 수행하여 성과를 거두고, 그 일에 보람을 느낄 때 적재적소에 인재가 배치되었다고 보았다.

히딩크 감독

2002년 한일월드컵에서 4강 신화를 이룩한 히딩크 감독이 한국에 와서 제일 먼저 한 일은 선수들의 자질과 기량을 철저히 분석하고 파악하는 것이었다고 한다. 그는 이러한 분석을 바탕으로 선수들을 훈련시킨 후 학연이나 지연을 떠나 적재적소에 선수들을 배치함으로써 그들이 가진 능력을 마음껏 발휘하도록 했다. 한국 축구팀이 이룩한 4강 신화 기적도 결국 '적재적소'에 있었던 것이다.

그러나 적재적소가 너무나 당연한 원칙이어서 쉬운 일로 여기는 경향이 있다. 그렇다면 우리의 지도자들이 적재적소를 심각하게 생각하며 실천하고 있을까? 대답은 '아니다'일 가능성이 높다. 중대장 정도 되는 그릇인데 연대장을 시키거나, 사단장 그릇인데 중대장의 자리에 가 있는 경우가 많다. 그렇지 않다고 부인하고 싶겠지만 현실에서는 이러한 일이 비일비재하다. 이것이야말로 야생의 세계에서 볼 수 없는 인간사회의 어리석음이고 비극이다.

인간사의 모든 일들이 그렇듯이 사실상 완전한 적재적소는 불가능할지도 모른다. 현재 상태에서 누가 최적의 인물인지 판별하는 것이 쉽지 않고, 여러 가지 장점을 가진 사람이라도 결정적인 단점 하나가 발목을 잡는 경우도 있다. 그래서 최대한 적대적소의 원칙을 지킨다 해도 성공을 장담할 수 없는 것이 인사의 어려움이다.

적재적소는 리더가 합리적이고 공정한 마음으로 조직 전체를 생각할 때 가능하다. 사심이 들어가는 순간 원칙은 무너지고, 한 번 무너진 원칙은 다시 세우기가 힘들다. 적재적소는 말은 쉽지만 실천하기는 어렵다. 그렇다고 포기하거나 소홀히 해서는 안 된다. 좋은 인재를 찾아 적재적소에 배치하는 일이야말로 리더의 가장 중요한 임무이며, 거기에 조직의 성패가 달려 있기 때문이다.

4
군림하는 사람이 아니라 헌신과 봉사자

과거에 리더의 이미지는 다른 사람을 지배하고, 명령하고, 지시하는 사람이었다. 어느 조직에서건 윗사람이 중심이었고, 아랫사람은 윗사람의 명령과 지시에 충실히 따르는 것이 미덕이었다. 하지만 최근 들어 그러한 생각은 크게 바뀌었다. 그렇게 일방적인 리더십으로는 어디서도 환영을 받을 수 없다.

이제 리더의 이미지는 다른 사람을 도와 그들을 성공하게 함으로써 같이 성공하는 존재가 되었다. 조직 전체를 위해 자신을 헌신과 봉사의 도구로 던질 수 있는 사람만이 참다운 리더인 것이다. 따라서 리더라면 다른 사람을 위해 자신이 먼저 희생할 준비가 되어 있어야 한다. 다른 사람을 지배하고 다른 사람 위에 군림하려는 사람은 결코 참된 리더가 될 수 없다.

『논어』「옹야편」에는 "자기가 서고자 하면 남을 세우고, 자기가 도달하고 싶으면 남을 도달하게 하라."는 구절이 있다(己欲立而立人 己欲達而達人). 리더가 먼저 희생하고 봉사해야 한다는 뜻이다. 성경에도 "너희 중에 누구든지 으뜸이 되고자 하는 자는 모든 사람의 종이 되어야 한다."는 구절이 있다. '종'은 어느 사회에서나 가장 하층에 속한 사람이다. 따라서 '종이 된다'는 것은 가장 낮은 곳으로 자신을 보내는 것이 된다. 낮은 자리에서 희생과 봉사하겠다는 사람만이 리더가 될 수 있는 것이다.

'노블레스 오블리주(Noblesse oblige)'라는 말이 있다. 프랑스어로 "고귀한 신분을 가진 자는 의무를 갖고 있다."는 뜻이다. 이는 사회지도층의 도덕적 의무를 얘기할 때 흔히 사용한다. 고대 로마제국의 귀족들은 자신들이 노예와 다른 점은 단순히 '신분에 있는 게 아니라, 사회적 의무를 실천하는 데 있다.'고 생각했다. 이와 같이 동서양 모두 참다운 리더는 다른 사람 위에서 명령하고 군림하는 사람이 아니라 다른 사람들을 섬기고 봉사하는 사람이라고 말하고 있다.

서번트 리더십의 창시자인 그린리프(Greenleaf)도 리더를 다른 사람에게 봉사하는 '종(servant)'으로 보았다. 그는 명령하고 통제하는 자기중심적인 사람이 아니라 신뢰와 믿음을 바탕으로 구성원들에게 헌신하는 사람이 리더라고 생각했다. 따라서 그린리프는 리더십의 핵심은 '인간 존중과 사람에 대한 따스한 사랑'을 바탕으로 리더가 먼저 구성원들에게 봉사함으로써 그들이 자율적으로 공동체의 사명을 달성하도록 하는 것이며, 조직과 구성원에 대한 헌신과 봉사가 리더의 진정한 자질이라고 보았다.

최근의 관련 조사에 따르면, 〈포춘(Fortune)〉이 선정한 '일하기 좋은 100대 기업'의 1/3 이상이 서번트 리더십 개념을 도입하여 관리자 교육을 한다고 한다. 기업이 첨단화하면서 구성원들의 자율성과 창의성을 이끌어 내는 것은 중요한 과제가 되었다. 다양하고 복잡해진 고객들의 요구에 즉각적으로 대응하기 위해서는 현장 직원들의 능력에 의존할 수밖에 없기 때문이다.

이러한 환경에서 과거처럼 리더가 지위와 권한만으로 구성원들을 강압적으로 이끄는 것은 많은 부작용을 불러올 수 있다. 존중과 배려를 통해 부하들의 자발적 헌신과 참여, 책임감을 고취하여 스스로 움직이도록 하는 것이 리더십의 핵심이다. 또한 리더는 구성원들에게 권한과 책임을 과감하게 위임하고. 이들이 성공할 수 있도록 지원하는 새로운 형태의 리더십을 발휘해야 한다.

역사적으로 위대한 리더 가운데는 희생과 봉사의 리더십을 발휘한 인물이 많았다. 평생을 민족의 독립에 헌신했던 백범 김구(1876~1949) 선생을 비롯하여 인도 독립의 아버지 마하트마 간디(1869~1948), 남아공의 넬슨 만델라(1918~2013) 전 대통령은 모두 이러한 리더였다. 김구 선생은 『나의 소원』에서 자신은 "독립된 나라에서 문지기라도 만족하겠다."고 썼다.

백범 김구

이러한 겸손함과 희생정신을 가진 리더였기에 그는 일제의 온갖 압박에도 굴하지 않고 평생을 조국의 독립에 바칠 수 있었을 것이다.

간디는 부유한 가정에서 태어나 영국 유학을 마치고 변호사로서 활

간디

동하다가 돌아와 인도 독립을 위해 평생을 헌신했다. 그리고 카스트 제도에서 가장 하층계급인 이른바 '불가촉천민'들과 함께 생활하는 등 가장 힘들고 낮은 위치에 있는 민중들에게 다가가 그들과 평생을 함께했다. 이러한 간디의 희생과 겸손함이 없었더라면 오늘날의 인도는 없었을지 모른다.

남아프리카공화국 최초의 흑인 대통령이었던 넬슨 만델라도 철저하게 낮은 자세로 헌신하고 봉사하는 지도자였다. 그는 소수 백인 정권의 악명 높던 흑백분리 정책인 '아파르트헤

넬슨 만델라

이트(Apartheid)'에 대항하여 평생 투쟁을 했으며, 이로 인해 반역죄로 체포되어 종신형을 선고받고 27년간 수감생활을 해야 했다. 수감생활을 마치고 나오는 날 그는 수많은 군중 앞에

서 자신은 흑인과 백인의 '진정한 화해'를 바라고 있으며, 자신은 이를 위해 봉사할 뿐이라며 다음과 같이 선언했다.

"나는 이 자리에 선지자로서 온 것이 아니라, 국민 여러분들의 겸손한 종으로 앞에 섰습니다. 여러분 손에 제 남아 있는 여생을 맡기고 싶습니다."

만델라는 1994년에 대통령이 된 후에도 백인들에 대한 정치 보복을 일체 금지했으며, 관용과 화해 정책을 일관되게 추진해 남아공에 진정한 평화와 화해의 시대를 열었다. 그리고 그의 저서 『자유를 향한 긴 여정』은 뉴욕타임스가 뽑은 20세기 최고의 책에 선정되었으며, 세계의 가장 존경받는 리더로서 지금까지도 수많은 사람들에게 영감을 주고 있다.

그렇다면 우리 사회에 과연 '노블레스 오블리주'를 실천하는 리더가 얼마나 있는가. 국민의 대표적 의무인 국방의 의무 하나만 놓고 보더라도 사회지도층과 그 자녀들의 면제 비율이 일반인에 비해 훨씬 높다는 것은 알 수 있다. 이는 우리 사회에 진정으로 국민을 섬기고 봉사하는 리더보다 자신의 사적인 이익을 우선하는 리더가 더 많다는 것을 의미한다.

선거 때마다 국민을 위해 봉사하겠다는 후보자들의 다짐을 들곤 한다. 그들은 선거 현장에서는 허리를 굽히고 겸손한 자세로 지지를 호소한다. 그러나 선거가 끝나면 초심은 사라지고 다시 높은 자리로 돌아간다. 애초부터 그럴 의도가 없었다고 보는 편이 정확할 것이다. 이러한 리더는 참다운 리더라고 볼 수 없다. 그리고 이러한 리더가 많은 사회나 조직은 건강할 수가 없다.

리더가 되면 부와 명예와 여러 가지 권한이 주어진다. 이러한 권한은 자신이 아니라 부하와 조직을 위해 사용하라고 준 것이다. 권한은 책임의 다른 이름이며, 책임은 희생과 봉사의 다른 이름이다. 리더는 부하들에게 희생과 봉사의 마음을 가질 때 신뢰와 존경을 받을 수 있다.

5
모든 결과에 대한
책임의 최종 종착지

"책임은 여기에 있다(The Bucks stop here)!"

전임 대통령 루스벨트의 갑작스런 죽음으로 대통령직을 승계한 트루먼이 집무실에 걸어놓고 항상 실천했던 말이다. 이 짧은 한 문장에는 한 국가의 지도자로서 모든 책임을 지겠다는 각오가 그대로 녹아 있다.

리더가 되면 다른 사람들보다 훨씬 많은 권한이 주어진다. 리더에게 높은 지위와 권한을 주는 것은 그에 걸맞는 책임을 지라는 의미다. 이러한 권한과 책임이야말로 리더의 속성이다. 이를 바탕으로 리더는 조직의 목표와 방향을 결정하고 조직을 움직인다.

세계 야구 챔피언을 가리는 2009년 제2회 월드베이스볼클래식(WBC)에서 우리나라 대표팀을 맡은 김인식 감독에게는 리더십에 대한 다음과 같은 일화가 있다. 당시 우리나라는 대망의 결승에 올라 일본과 역사적인 대결을 펼쳤다. 정규 이닝인 9회까지 승부를 내지 못하고, 3:3 동점으로 연장에 들어갔다. 연장 10회 초 2사 2, 3루의 긴박한 상황에서 당시 한국의 마무리 투수는 임창용이었고, 상대 타자는 일본 프로야구를 넘어 미국 메이저리그를 호령하던 이치로였다.

절체절명의 순간. 안타 하나면 2점이 들어오고, 그것은 결승점이 될 가능성이 높았다. 필자와 같은 아마추어가 보기에도 이치로를 고의사구로 거르고 다음 타자와 상대하는 것이 당연해 보였다. 하지만 임창용은 이치로와의 대결을 피하지 않았고, 결과는 2타점 중전 적시타였다. 그것으로 경기는 끝났고, 한국의 우승도 날아갔다. 결과론이지만 '이치로를 거르고 다음 타자와 상대했다면 어땠을까?' 하는 아쉬움이 진하게 남는 경기였다.

이때 김인식 감독은 양상문 투수코치에게 "이치로를 걸러도 좋으니 볼을 던지라."고 두 번이나 지시했고 잘 전달됐는지 확인까지 했다고 한다. 그럼에도 불구하고 그 지시는 그라운드에 있는 임창용 선수에게 제대로 전달되지 않았고, 비난은 고스란히 감독에게 돌아갔다. 경기가 패배로 끝난 뒤 김 감독은 임창용 선수를 비난하지 않았다. 그는 담담하게 이렇게 말했을 뿐이다.

"사인을 확실히 전달하지 못한 내 책임이 크다."

그렇다. 진정한 리더는 실패에 대해 변명하거나 다른 사람에게 탓을 돌리지 않는다. 그 대신 실패와 정면으로 마주하며 교훈을 찾아내 같은 실패를 반복하지 않는다. 리더는 권한을 부하들에게 위임할 수는 있어도 책임까지 위임할 수는 없다. 권한을 위임했다고 해서 책임을 미루거나 회피한다면 진정한 리더가 아니다.

도산 안창호

독립운동가인 도산 안창호 (1878~1938) 선생은 "책임감 있는 이는 역사의 주인이요, 책임감이 없는 이는 역사의 객이다"라고 말했다. 책임감 있는 사람은 지위와 직책이 어떠하든 주인이고, 책임감이 없는 사람은 아무리 지위가 높아도 진정한 주인이 아니라는 얘기다. 책임감이 없으면 잠시 스쳐가는 손님에 불과하다. 주인이 되지 못하는 사람이 어떻게 그 조직의 리더가 될 수 있겠는가.

존 맥스웰은 『리더의 조건』에서 책임감 있는 사람들의 특징을 다음과 같이 열거했다.

1. 일을 끝까지 마친다.
2. 기꺼이 한 발짝 더 나아간다.
3. 탁월함을 추구하고, 그것을 성취하기 위해 최선을 다한다.
4. 상황에 관계없이 결실을 맺게 한다.

책임감은 개인이 사회생활을 하는 데 없어서는 안 될 중요한 마음자세다. 리더십은 책임감이 시작이요 끝이라 할 수 있다. 리더는 이러한 책임감을 보통 사람보다 더 크고 무겁게 받아들여야 한다. 리더가 책임을 지지 않으면 책임질 사람이 없기 때문이다. 이렇게 리더에게 책임감은 중요하고도 무거운 것이다.

리더는 책임이라는 십자가를 진 사람이다. 그 대신에 자신이 맡고 있는 팀이나 조직이 승리하거나 성과를 냈을 때 성취감이라는 선물을 받는다. 성취감은 그동안 자신이 두 어깨에 짊어져야 했던 책임과 희생과 노력의 대가이다. 책임은 리더의 필연적 조건이자 의무이며, 명예이다. 책임감이 없다면 리더의 자격이 없는 것이다. 리더의 자리는 영광의 자리인 동시에 십자가를 짊어져야 하는 자리이기 때문이다.

3장

♩♪

사람과 조직을 죽이는
자기 중심 리더십

사람과 조직을 죽이는 자기 중심 리더십

1
설 곳을 잃은
일방적, 권위적 리더십

리더십은 권력을 휘두르는 것이 아니라,
사람들에게 힘을 불어넣는 것이다.
• 에키 브로딘 •

현대사회는 지식정보화 시대다. 과거 산업화 시대의 조직이 수직적이고 획일적이며 일사불란함이라는 특징을 지녔다면, 지식정보화 시대의 조직은 수평적이고 유연함을 그 특징으로 한다. 또한 과거에는 모든 정보와 지식이 핵심적 지위에 있는 소수에게 집중되었지만, 지식정보화 시대에는 이러한 정보와 지식이 모든 사람에게 공유되고 있다.

지식경제 시대, 정보화 시대의 경쟁력은 단순히 크기나 숫자가 아니라 어느 조직이 창의적인 인재를 많이 확보하고 있느냐에 달려 있다. 다시 말해 구성원들의 창의성과 자율성이 가장 중요한 자산이자 진정한 경쟁력인 것이다. 물고기가 마른땅에서 살 수 없듯이 창의적인 인재들은 권위적이고 경직된 조직 속에서는 절대 생존할 수 없다. 따라서 리더십도 이에 걸맞게 달라져야 한다.

어느 분야에서 권위가 있다는 것은 그 사람의 능력과 업적을 인정하는 긍정적인 의미를 지닌다. 예를 들어 해마다 인류 문명 발달에 공헌한 사람이나 단체에게 수여하는 노벨상은 세계적인 권위를 지니고 있다. 이 상을 받은 인물은 곧 권위자라고 할 수 있다. 이때의 권위는 사회적으로 인정받는 바람직한 힘이고 권력이다.

그렇다면 권위는 리더에게 어떤 의미를 지닐까? 권위는 구성원들의 자발적인 복종과 신뢰를 이끌어 내는 능력일 뿐만 아니라 조직을 효과적으로 통솔하는 중요한 요소가 된다. 과거 위대한 업적을 남긴 장군이나 지도자 중에는 권위와 카리스마가 넘치는 지도자가 많았다. 문제는 건전하고 바람직한 권위와 권위주의를 혼동하는 데 있다. 우리 사회에서 대두되는 주된 문제는 대개 권위주의만 있고, 진정한 권위가 없기 때문에 나타난다.

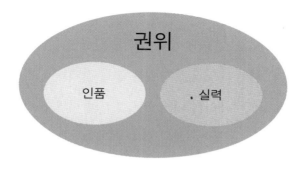

진정한 권위는 사실 지위에 따른 권한만으로는 부족하다. 리더로서 존경받을 수 있는 인품과 실력이 뒷받침되어야 한다. 권위주의는 지위에 따른 권력만을 앞세워 부하와 조직을 억압적 방식으로 통제하는 것을 말한다. 이런 조직에서는 개인이나 소수에게 정보와 권력이 집중되며, 위에서 일방적으로 결정하고 구성원들은 그 결정에 따르기만 하면 된다. 한마디로 상명하복의 일방적인 방식이다.

권위적인 리더는 대개 진정한 권위도 없고 카리스마도 없는 리더인 경우가 많다. 진정한 권위와 카리스마가 없기 때문에 점점 더 권위적이며 일방적으로 행동하는 것이다. 자신감 있고 포용력 있는 리더는 자신이 가진 권한일지라도 사용을 자제하지만, 자존감이 낮고 불안한 자아를 가진 리더는 권력과 권위적 방식에 더 집착하는 경향을 보인다.

과거 동양의 유교문화권에서 리더의 권위는 절대적이었다. 이러한 유전자가 우리 마음속 깊은 곳에 잠재해 있기 때문일까. 권위주의가 지배하던 과거에는 조직의 회의 분위기는 일방적인 경우가 많았다. 리더가 먼저 의제와 방향을 제시하고 직원들은 리더의 의도를 고려하여 눈치껏 토론에 참여하든가 아니면 침묵을 지켰다.

이의를 제기하는 것은 윗사람의 권위를 인정하지 않는 행위로, 개인적인 불이익을 감수하지 않고서는 거의 불가능했다. 부하들이 침묵을 지키는 것은 아이디어가 없기 때문이 아니라 조직의 경직된 분위기 때문이었다. 부하들은 마지못해 참고 있을 뿐이었다. 이때의 침묵은 금이 아니라 건전한 소통을 방해하는 독이었다. 이러한 조직에서 부하들은 리더가 가리키는 방향으로만 가야 하기 때문에 그것이 비록 잘못된 방향이라고 해도 변경하기가 대단히 어려웠다.

이와 같이 권위적인 분위기가 조직 전체에 만연하면 부하들의 자율성과 창의성이 사라지고, 조직은 활력을 잃게 된다. 또한 이러한 리더 주변에는 창의적인 인재들이 떠나고 듣기 좋은 말만하는 소인배들만 남는다. 더 심각한 문제는 권위적인 리더에게 들어오는 정보가 차단된다는 점이다. 부하들은 문제가 있어도 가급적이면 축소하거나 좋은 점만 말한다. 리더 자신은 모든 것을 다 알고 있다고 생각하지만, 구성원 모두가 알고 있는 것을 모르는 경우도 많다. 이러한 리더는 고립된 섬과 같다. 권위 있는 리더는 좋으나 권위적인 리더는 안 되는 이유가 바로 여기에 있다.

리더가 단기적 성과에 집착하면 복잡한 절차를 거쳐야 하는 민주적 방식보다 권위적 방식을 선호하기 마련이다. 그런 리더는 자신의 한마디에 조직 전체가 신속하고 일사불란하게 움직이는 것을 보고 자부심과 희열을 느끼며, 그것을 효율성으로 착각한다. 여기에 중독되면 그런 행동을 반복하게 된다. 단기적 성과를 통해 평가받는 리더 입장에서 이러한 방식은 달콤한 유혹이다. 권위적인 리더십을 쉽게 포기하지 못하는 원인이 여기에 있다.

세계적인 경영 컨설턴트인 피터 드러커는 21세기 리더십의 특징을 다음과 같이 언급했다.

"이제는 리더로서 군림하는 시대는 지나갔다. 인간적인 매력과 영향력으로써 추종자를 만들어 내야 한다. 안정적으로 경영을 하던 시대는 이미 지났다. 지식정보화 시대에는 단순히 명령을 내리고 직원들이 순순히 복종하는 것은 기대할 수 없는 시대가 되었다. 오늘날 필요한 것은 지식과 정보뿐만 아니라 인간적인 매력을 지닌 리더십이다. 그것은 직원들의 잠재력과 가능성을 발굴해주고 미래에 대한 비전을 제시하고 격려하면서 그들과 성공적인 인간관계를 유지하는 리더십이다."

요즘처럼 소통과 공감을 강조하는 시대에 일방적이고 권위적인 리더는 어디서나 환영받지 못한다. 따라서 리더들도 과거보다 훨씬 민주적으로 바뀌었을 것으로 생각하기 쉽다. 하지만 현실은 여전히 권위적인 리더들이 높은 비율을 차지하고 있다.

2012년 잡코리아에서 임원 평가에 관해 조사한 결과에 따르면, 임원들이 직원들의 사기 진작에 인색하고 '권위주의적인 리더십'을 소유하고 있다는 응답이 가장 많았다. 임원들의 리더십 유형은 권위주의 리더십(21.0%), 합리적인 리더십(17.1%), 불도저 리더십(15.5%), 소통형 리더십(15.0%), 직원을 배려하지 않는 안하무인 리더십(7.9%) 순이었다. 불도저식 리더십과 안하무인 리더십 비율까지 합치면 무려 44.4%가 일방적이고 권위적인 리더인 것이다. 이 조사 결과는 아직까지도 우리 사회에 권위적인 리더십이 뿌리 깊게 박혀 있다는 증거이다.

필자는 군 생활 기간 중 일방적이고 권위적인 독재형, 모든 것을 일일이 확인하는 꼼꼼이형, 자유방임형 등 여러 유형의 지휘관을 만났다. 일방적이고 권위적인 리더는 자신의 명령이나 지시가 곧 법이다. 자신이 최고라고 생각하기 때문에 부하들이 이의를 제기하는 것은 불가능하다. 그들은 부하의 작은 잘못도 쉽게 넘어가지 않는다. 부하들은 윗사람의 질책이 두려워 늘 눈치를 보고, 되도록 책임질 일은 하지 않는다. 이러한 조직에서 부하들은 지시와 명령에 충실히 따르기만 하면 되기 때문에 창의성과 자발성은 기대할 수가 없다. 사람은 누구나 스스로 결정한 일에 대해서는 어려움이 있어도 별 불만 없이 하지만, 일방적인 지시나 명령에는 저항하는 속성을 지니고 있다.

군이 전쟁과 같은 긴급한 상황에서 지휘관을 중심으로 일사분란하게 움직이는 것은 반드시 필요하고 대단한 미덕이다.

하지만 군이라고 해도 항상 전쟁 상황만 있는 것은 아니다. 평상시는 대부분 전쟁에 대비하는 기간이기 때문에 이러한 리더십은 문제가 있다. 이러한 유형의 리더십은 겉으로 보기에는 효율적으로 비치고 단기적 성과를 내기도 한다. 하지만 장기적으로 부하들의 자발성과 창의성을 떨어뜨리고 조직을 경직되게 만든다. 사람의 근육도 경직되면 사용할 수 없듯이 조직도 경직되면 제대로 기능을 발휘할 수 없다.

2
부하를 무시하는 것은
제 얼굴에 침 뱉기

한 사람의 열정과 꿈을 짓밟는
가장 확실한 방법은 비난과 추궁이다.
• 잭 웰치 •

우리 속담에 "지렁이도 밟으면 꿈틀 한다."는 말이 있다. 아무리 하찮은 미물이라도 자존감이 있다는 말이다. 하물며 만물의 영장인 사람이야 어떻겠는가. 아무리 좋은 일이라도 자존심이 상하면 움직이지 않지만, 자존감을 세워주면 무엇이든 해내는 존재가 바로 사람이다. 자존감으로 뭉친 존재가 인간인 것이다. 이처럼 리더십은 인간에 대한 존중으로부터 시작된다.

미국 스탠퍼드대학교 로버트 서튼 교수의 연구에 따르면, 부하가 상사로부터 폭언을 들으면 업무에 대한 집중력이 떨어지고 무기력증에 시달리게 된다고 한다. 그로 인해 당연히 생산성도 저하된다고 한다. 게다가 자신이 직접 경험하지 않고 동료가 폭언을 듣는 것을 보기만 해도 비슷한 증상에 시달린다고 한다.

또한 상사가 직원을 철저히 무시하는 경우 40%의 직원이 일에서 멀어지고, 수시로 야단치는 경우 22%의 직원이 일에서 멀어진다고 한다. 반면에 상사가 직원의 장점 중 한 가지라도 인정해 주고 잘한 일에 보상을 해줄 경우 일에서 멀어지는 직원은 1%에 불과하다고 한다. 이처럼 구성원들은 상사로부터 인정을 받지 못하고 인격적으로 무시당하면 자존감을 잃어버리고 모든 일에 소극적이게 된다. 그리고 이는 리더나 조직 전체에 심각한 악영향을 미친다.

직장에서 어려움을 겪는 직원은 가정과 사회생활에서도 어려움을 겪을 가능성이 높다. 직장에서의 스트레스는 다른 사람에게 쉽게 전이된다. 더구나 배우자는 이러한 상황을 이해하지 못하기 때문에 스트레스는 더욱 증폭된다. 직장에서의 문제가 도미노처럼 가정과 사회생활에 영향을 미치는 것이다.

연세대학교 정동일 교수는 상사가 되면 자신의 존재가 스스로 생각하는 것보다 부하들에게 훨씬 더 두렵고 중요해진다는 사실을 알아야 한다며 다음과 같이 강조했다.

"상사가 무심코 내뱉은 말이나 행동 하나에 부하는 정신적 트라우마에 빠질 수도 있다. 자신에게 부여된 힘과 권한을 제대로 감당하지 못하는 사람이 리더의 자리에 오르는 것은 무면허 운전자가 브레이크가 고장 난 자동차를 모는 것과 마찬가지다."

그의 연구에 따르면, 직장인의 75%가 스트레스의 가장 큰 원인으로 직속 상사를 꼽았고, 기회가 주어진다면 상사를 주저 없이 해고하겠다고 답한 사람이 24%나 되었다. 부하들은 상사들이 생각하는 것보다 상사의 말 한마디, 행동 하나에 훨씬 더 민감하다. 상사가 자신에게 미치는 영향이 크다는 것을 본능적으로 알기 때문이다. 이러한 부하들을 함부로 대하거나 무시하면 어떻게 되겠는가. 자신이 준만큼 돌려받는 것이 우리의 삶이다. "남에게 대접받고 싶은 대로 대접하라."는 말처럼 존중받고 싶다면 먼저 존중해야 한다.

일반적으로 리더는 부하들보다 경험이 많고 역량도 뛰어나다. 치열한 경쟁을 뚫고 능력을 검증받아 그 자리에 오른 사람들이기 때문이다. 능력이 뛰어난 리더일수록 요구 수준도 높을 수밖에 없다. 자신의 과거는 잊고 현재의 눈높이에서 부하들을 바라보니 부족한 면만 보이는 것이다. 똑똑한 리더들의 치명적인 실수 중 하나는 부하들이 자신의 기대만큼 일을 못하면 부하를 무시하거나 업무에서 제외시킨다는 점이다. 그러한 직원은 없는 게 낫다고 생각하는 것이다.

그러나 이는 매우 무책임한 태도이다. 부하들을 성장시키고

그들을 통해서 성과를 내는 것이 리더의 임무이기 때문이다. 리더가 부하를 무시하고 방치하는 것은 최악의 직무유기이다.

필자의 경험에 따르면, 군에서 자살 등 극단적인 선택을 한 병사들 대부분은 구타와 함께 인격적으로 심하게 무시당한 친구들이었다. 인격적 모독은 한 사람의 인생을 파멸로 내몰 수 있는 심각한 언어폭력이자 범죄행위다. 더구나 동일한 목표를 공유한 리더와 부하 사이에 인격적 모독은 있을 수 없는 일이다. 무심코 던진 돌 하나가 개구리의 목숨을 빼앗을 수 있듯이 무심코 던진 말 한마디가 한 사람의 목숨을 빼앗을 수 있다.

사람은 누구나 인정받고 싶어 하고, 자신을 인정해주는 사람을 위해 모든 것을 바친다. 부하를 무시하는 것은 결코 도움이 될 수 없다. 부하는 무시할 대상이 아니라 역량을 최대한 발휘하도록 도와주어야 할 대상이다. 부하들을 무시하는 것은 그들이 가지고 있는 모든 경험과 지혜를 무시하는 것이다. 이런 리더나 조직이 과연 성공을 할 수 있겠는가.

제2차 세계대전 당시 독일은 1939년 폴란드 침공을 시작으로 동유럽을 석권하고, 프랑스로 눈을 돌렸다. 소련을 침공하기 전에 양쪽의 위협을 없애려는 의도였다. 처음에 히틀러는 기갑전에 탁월한 만슈타인 장군의 전격전을 받아들여 프랑스가 자랑하던 마지노선을 돌파하고 6주 만에 프랑스의 항복을 받아냈다.

그러자 프랑스전의 승리에 도취된 히틀러는 자신을 위대한 전략가로 착각하고 군사작전에 일일이 간섭하기 시작했다. 그리고 부하 장군들의 건의를 무시하고 곧바로 소련에 대한 침공, 이른바 '바로바로사 작전'을 지시한다. 기갑부대 사령관으로 임명된 만슈타인은 초반 놀라운 기동력으로 소련군을 와해시키고 레닌그라드 진격을 앞두고 있었다.

그러나 히틀러는 공세를 멈추어서는 안 된다는 부하 장군들의 건의를 무시하고 전선을 정리해야 한다며 정지명령을 내린다. 독일군의 공격이 멈춘 일주일 동안 소련군은 재정비할 시간을 가지게 됐고, 이후 전세는 뒤집어지기 시작했다. 그 후에도 히틀러는 부하 장군들의 적절한 건의를 무시하고 독단적으로 행동함으로써 결국 소련전에서 패해 독일은 몰락의 길을 걷게 된다. 히틀러가 부하 장군들을 무시하지 않고 군사작전을 유능한 군 지휘관에 맡기기만 했어도 상황은 완전히 달라졌을지 모른다.

고대 중국 진나라 말기 초나라 항우와 한나라의 유방은 천하를 두고 다투었다. 초나라 명문가 출신인 항우는 당대의 영웅이었으며, 진나라 군대조차 두려워할 정도로 용맹이 뛰어났다. 반면 한나라 농민 출신인 유방은 한신처럼 싸움에 능하지도 장량처럼 계략이 뛰어나지도 못했다. 대신 유방은 주변에 누가 오든 귀하게 대접해주었다. 덕분에 유방 주위에는 장량, 소하, 한신 같은 유능한 인재들이 모여들었다. 유방은 이들 유능한 참모들의 건의를 잘 받아들이고, 이들에게 모든 업무를 맡겼다.

　　이에 반해 항우는 귀족 출신답게 자존심이 지나치게 강해서 다른 사람의 말을 잘 듣지 않았으며, 매우 독단적이었다. 범증이라는 유능한 참모가 곁에 있었으나 그의 말조차 무시함으로써 그는 끝내 천하를 유방에게 내주고 말았다. 자신이 갖고 있는 가장 중요한 자원인 유능한 인재들을 무시하는 사람이 어떻게 천하쟁패에서 승리할 수 있었겠는가.

　　삶은 메아리와 같다. 산에 올라가서 '사랑한다'는 말을 외치면 건너편에서도 '사랑한다'고 대답한다. 반면 '미워한다'고 외치면 상대방도 똑같이 되돌려준다. 부하를 무시하면 리더 자신도 무시당할 수밖에 없다. 모든 직원은 조직에서 필요한 사람들이다. 리더가 보기에는 부족하고 미흡해 보여도 경쟁을 통해 조직에서 꼭 필요한 인재로 선택된 사람들이다.

리더가 가진 가장 중요한 자원은 사람, 즉 부하들이다. 따라서 그들을 제대로 활용하기 위해서는 부하들의 입장에서 생각해야 한다. 리더 자신도 처음에는 부족하고 미흡했다는 점을 항상 기억하라. 개구리가 올챙이보고 왜 뛰지 못하느냐고 나무라서는 안 된다. 올챙이가 개구리가 되기까지는 시간과 경험이 필요하다. 리더가 믿어줄 때 부하는 충성으로 믿음에 보답한다. 부하를 무시하면 원활한 의사소통이 이루어질 수 없을 뿐만 아니라 조직도 제대로 돌아가지 않는다. 이러한 리더와 조직은 당연히 실패할 수밖에 없다.

편애는
조직을 분열시킨다

> 직원을 똑같이 가치 있는 사람으로서 대해주고 회사의
> 기계 부속처럼 대하지 마라. 지위나 직함을 다 벗어던져라.
> 모두가 함께 기여한다고 보아라.
> • 빌 마카힐라 •

리더도 사람인지라 코드가 더 잘 맞는 부하와 그렇지 않은 부하가 있기 마련이다. 그러면 자연스레 잘 맞는 부하에게 더 정이 가고, 일을 더 맡기게 된다. 하지만 이런 일이 학연이나 지연 또는 사적인 관계와 결부될 때 부하들은 소외감을 느끼고 상사에 대한 신뢰를 거두게 된다. 물론 성과를 위해 능력이 뛰어난 부하를 중용하는 것은 이해할 수 있지만, 이것도 지나치면 안 된다.

심지어 가정에서도 부모가 한 아이만을 편애할 경우 다른 아이들은 심한 좌절감과 소외감을 느낀다고 한다. 편애는 받

는 사람과 그렇지 못한 사람 모두에게 상처를 준다. 우리 전래 동화 중에 『콩쥐팥쥐 이야기』도 바로 계모의 편애가 불러온 비극이다. 이것이 비단 동화 속에만 존재하겠는가.

러시아의 대문호 톨스토이(1828~1910)는 "불행한 가정은 그 원인이 모두 제각각이지만, 행복한 가정은 그 원인이 모두 비슷하다."고 했다. 그렇다면 행복한 가정은 어떤 가정일까. 대부분은 '화목한 가정'을 떠올릴 것이다. 화목한 가정이란 두루 관심을 가지고 사랑을 베풀고 표현할 때 가능하다.

조직에서도 마찬가지다. 리더는 구성원 개개인에게 관심을 가지고, 사랑을 나눠주어야 한다. 리더의 편애는 조직의 화목을 깨뜨리는 행위이다. 불화가 있는 조직이 행복할 수 없고, 행복하지 않은 조직이 좋은 성과를 낼 리 없다.

미국 캘리포니아대학의 관련 연구에 따르면, 친부모들조차도 특정 자녀를 편애한다고 한다. 700여 명의 형제자매와 그들의 부모를 조사한 결과, 아버지의 70%와 어머니의 65%가 특정 자녀를 편애하는 것으로 나타났다. 가장 공평할 것이라고 생각되는 부모들조차도 특정 자녀에게 더 애착을 보인 것이다. 그 이유로는 여러 가지가 있을 수 있다. 문화권에 따라서 아들이나 딸을 선호할 수도 있고, 부모를 닮은 자녀를 더 사랑할 수도 있다. 자녀들은 태어나는 순간부터 부모의 애정을 사이에 두고 다른 형제자매와 쟁탈전을 벌인다.

전문가들은 부모가 쏟는 애정이 자녀의 자존심, 사회성, 다른 가족과의 관계에 큰 영향을 미치기 때문에 노골적으로 편애를 해서는 안 되며, 자녀가 눈치를 챘더라도 계속 부정하는 것이 좋다고 충고한다. 그리고 다른 형제보다 부모의 사랑을 덜 받는다고 느낀 자녀는 불안, 낮은 자존감, 우울증에 시달릴 확률이 높다고 한다. 또한 편애를 받은 자녀 역시 어린 시절 부모의 칭찬과 격려를 한 몸에 받다가 사회에서 그만한 관심을 받지 못하면 충격과 좌절을 겪는다고 한다.

넓은 의미에서 보았을 때, 직장은 또 하나의 가정이다. 직장에서도 가정에서와 같이 상사의 편애가 부하들에게 이와 유사한 영향을 끼칠 수 있다. 특히 우리 사회는 학연과 지연과 혈연을 중요하게 생각한다. 직장에서 편애가 이러한 요소와 결합되면 조직 속의 마피아가 되어 정보를 왜곡하거나 차단하여 심각한 피해를 줄 수 있다.

미국 하버드대학교의 엘리자베스 모스 켄터 교수는 상사의 편애에 대해 다음과 같이 경고했다.

"부하 직원들은 편애와 같은 문제에 매우 민감하다. 부당한 대우를 받았다고 느끼는 구성원들은 리더뿐만 아니라 조직을 등질 가능성이 높다."

직장인이라면 누구나 한번쯤은 상사로부터 직간접으로 편애를 받거나 미움을 받아본 경험이 있을 것이다. 상사의 관심을 받지 못하거나 미움을 받는 직원으로부터 정상적인 업무 수행을 기대하기란 거의 불가능하다. 물론 리더도 사람인 이상 100% 공평무사할 수는 없다. 문제는 공과 사를 구분 못 하고 특정인을 지나치게 편애하는 경우다. 최소한 부하들에게 일방적으로 편애한다는 인식을 주어서는 안 된다. 특정 직원에 대한 편애와 홀대는 위화감을 조성하고 팀워크를 깨는 등 심각한 부작용을 유발하기 때문이다.

미국의 유명한 컨설팅회사인 페르소나 인터내셔널의 인력 관리 전문가인 존 콘스틴 박사는 "직장인들의 회사를 떠나는 것은 회사가 아니라 직장 상사를 떠나는 것"이라고 말했다. 일반적으로 직원들은 연봉, 미래에 대한 불투명한 비전 등의 이유로 회사를 떠난다고 말하지만, 실제로는 상사와의 갈등 때문에 회사를 떠나는 직원들이 많다는 것이다.

국내의 한 헤드헌팅 업체가 조사한 바에 따르면, 응답자의 75%가 직장 상사와의 마찰로 퇴사 혹은 이직 충동을 느낀 적이 있다고 답했다. 또한 한국, 미국, 중국, 일본 등 16개국 직장인의 의식과 생활상을 조사한 결과, 상사에 대한 평가에서 한국이 16개국 중 최하위 수준으로 나타났다고 한다. 독선과 권위주의에 빠진 상사, 부하 직원의 인격을 무시하는 상사, 부하직원을 편애하는 상사, 자신의 생각만을 강요하는 상사, 주관이 없는 상사, 자기관리를 못하는 상사 등 싫어하는 상사의 유형도 다양했다.

반면 아주대학교 이근면 교수는 편애에 대해 다음과 같이 다른 견해를 제시한다. 편애는 리더의 용인술이자 보상방식이라는 것이다.

"성공하는 리더에게는 자신에게 충성을 다하는 구성원이나 집단이 있다. 이들은 리더와 오랫동안 동고동락하면서 형성된 인적 네트워크이며 큰 자산이다. 구성원의 충성과 창의성을 이끌어 내는 데 필요한 것은 금전적 보상만이 아니라, 리더의 편애, 즉 리더의 확신적인 믿음이다. 오히려 편애하는 부하가 많을수록 훌륭한 리더이고 성공 경험이 많은 리더이다. 이러한 관점에서 본다면 오히려 편애는 조직 관리에 있어서 필수불가결한 요소이다. 여기서 중요한 것은 편애는 부하의 능력, 즉 일의 성과가 기준이 되어야 한다."

여기서 일반적으로 말하는 심복은 편애와는 다른 관점에서 볼 필요가 있다. 총애를 받는 심복의 경우 오랫동안 리더를 보좌하면서 자연스럽게 형성된 특수한 관계를 말한다. 조직을 운영하는 데 있어서 총애하는 부하가 있는 것은 리더로서 복이다. 이들을 적절하게 활용하면 조직 운용에 많은 도움이 된다.

하지만 이러한 부하들의 역할도 엄격히 제한해야 한다. 리더와의 개인적 친분을 이용하여 월권을 행사하거나 공정성을 해치는 행위는 철저히 막아야 한다. 조직의 성공은 결국 성과에 의해 결정된다. 뛰어난 개인이 단기적으로 성과를 낼 수도 있겠지만, 장기적인 성장과 발전은 조직 전체가 하나가 되어 노력할 때 가능하다.

리더가 구성원들을 공정하게 대하면 부하들은 소속감과 자긍심을 느낀다. 하지만 불공정하다고 느끼면 리더와 조직으로부터 멀어진다. 편애는 조직의 팀워크와 개인의 성취동기를 약화시킨다. 특정인을 편애하는 상사는 한 사람의 부하를 얻고 열 사람의 부하를 잃는 어리석은 상사이다. 이런 리더가 지휘하는 조직이 잘 굴러갈 리 없다.

편애는 그 자체로 비이성적이고 불공정한 것이다. 존경받는 리더가 되려면 공정한 인사와 업무처리는 기본이다. 인재는 기업의 생존과 경쟁력을 좌우하는 핵심 요소다. 리더의 편애는 우수한 인재들을 조직에서 떠나게 한다. 사적인 감정에 따라 부하를 편애하거나 차별하는 상사는 공정한 평가와 인사 책임자로서 자격이 없는 것이다. 이러한 상사는 조직의 인사 관리에서 매우 위험한 인물이다. 편애는 그것을 받는 부하나 받지 못하는 부하를 모두 죽이는 행위이기 때문이다.

사람은 고난은 함께 할 수 있어도 불공평한 대우를 받으면 분노한다. 역사적으로 많은 혁명이나 반란은 불공평한 정책이나 현실에 분노해 발생한 것이다. 조직에서 불공평한 대우를 받는다고 느끼는 부하들은 어쩌면 마음속에서 혁명을 꿈꾸고 있을지도 모른다. 그들은 때가 되면 혁명을 일으키거나 그것이 불가능하다고 판단되면 조직을 떠날 것이다. 어떤 조직이든 리더가 공정성을 의심받으면 리더십을 발휘하기 어렵다. '편애'는 조직을 이끌어야 할 책임을 가진 리더라면 반드시 피해야 한다.

4

우유부단은
조직의 위기를 부르는 단초다

결단해야 할 때 결단하지 못하면
반드시 자신에게 재난이 초래한다.
•『한서(漢書)』•

셰익스피어의 대표적인 비극인 『햄릿』에서, 덴마크 왕자 햄릿은 유학 중 아버지의 사망 소식을 듣고 급히 귀국한 후 충격적인 사실을 접하게 된다. 삼촌 클로디우스가 아버지를 죽인 후 왕좌를 빼앗고 자신의 어머니를 왕비로 삼은 것이다. 햄릿은 복수를 결심하고 기회를 노리던 중 클로디우스가 기도하는 장면을 목격한다. 절호의 기회였지만 그는 기도하다 죽으면 천국에 간다는 믿음 때문에 복수를 실행에 옮기지 못한다.

햄릿은 복수의 기회를 놓치고 오히려 삼촌에 의해 영국으로 유배를 당한다. 그는 수많은 복수 기회에도 불구하고 우유부단한 성격 때문에 자신이 먼저 파멸하는 비극의 주인공이 되고 만다. 이 때문에 햄릿은 본질적으로는 선한 인물이지만, 나약하고 우유부단한 성격의 대명사가 되었다.

우유부단한 리더 가운데는 햄릿처럼 착한 성품의 소유자가 의외로 많다. 이런 사람들은 대개 관계지향적이어서 다른 사람에게 피해를 주는 것을 극히 싫어한다. 흔히 덕장으로 표현되는 관계중심형 리더는 구성원들과의 조화와 균형을 중시한다. 그들은 부하 직원들이 조직생활에 어려움을 겪지 않도록 세심하게 배려하는 장점을 가지고 있기도 하다.

하지만 이런 유형의 리더는 업무를 추진하는 데 있어서 지나치게 합리성을 추구하다 보니 불합리한 측면이 보이면 결정을 못 하고 계속 미루는 경향을 보인다. 그러다가 때늦은 결정으로 막심한 후회를 하기도 한다. 그러나 개인적인 문제일 경우에는 자신이 책임지면 끝나지만, 조직을 책임진 리더라면 사정이 다르다. 조직에 큰 피해를 줄 수도 있고, 전쟁과 같이 긴급한 경우라면 부하들의 생사를 가를 수도 있다.

대표적으로 삼국지에 나오는 유비와 같은 유형의 리더가 여기에 속한다. 도원결의에서 보는 바와 같이 유비는 믿음과 덕을 중시하는 스타일이다. 그리고 한번 품으면 끝까지 믿고 간다. 조조가 계산이 빠르고 신속한 결정으로 난세를 헤쳐 나가는 반면 유비는 신중하고 절대 무리를 하지 않는다. 때로는 정말 답답할 정도다. 그는 이러한 성격 탓에 여러 차례 위기를 맞기도 한다. 이러한 리더의 결정적인 단점은 다른 사람의 입장을 고려한 나머지 자기 앞에 닥친 급한 불은 끄지 못한다는 점이다.

그러나 모든 사람을 만족시키는 선택이나 결정은 없다. 제때 결정하려면 리더는 때로는 비정할 정도로 냉정해야 하고 비난을 받을 각오도 해야 한다. 리더의 우유부단한 행동은 자신뿐 아니라 조직 전체를 실패로 이끌기 때문이다.

초패왕 항우의 책사인 범증은 장차 유방이 가장 위협이 될 것으로 판단하여 그를 제거하라고 여러 번 건의했다. 그때마다 항우는 결단을 내리지 않은 채 미루고 만다. 그의 우유부단한 성격과 함께 한낱 한량에 불과한 유방이 감히 항우 자신을 넘보지 못할 것이라는 자만심 탓이었다. 유방을 제거할 마지막 기회였던 홍문(鴻門)의 잔치에서도 항우는 끝내 결단을 내리지 못하고 유방을 살려 보낸다. 그 대가는 혹독했다. 결국

유방

항우는 전세를 만회한 유방의 군사들에 쫓기다가 오강에서 비참한 최후를 맞는다.

『손자병법』의 「작전(作戰)편」을 보면 '병문졸속(兵聞拙速)'이란 말이 나온다. 전쟁에 임할 때는 모든 것을 다 갖추기보다는 준비가 다소 미흡하더라도 속전속결로 결판을 내는 편이 더 유리하다는 의미다. 준비가 덜 되었다고 공격을 늦추면 그만큼 적도 철저히 대비할 것이며, 그러면 적에 대한 공격은 실패할 확률이 높다. 설령 승리한다 해도 아군 또한 막대한 피해를 입을 수 있다. 그렇기 때문에 손자는 군사의 움직임이 완벽한 것보다 신속한 것이 낫다고 본 것이다.

중국의 제2차 국공내전(1946~1949)은 결단력 없는 리더가 얼마나 치명적인 결함이 되는지 잘 보여 주는 예라 할 수 있다. 당시 중국은 장개석(1887~1975)의 국부군과 모택동(1893~1976)의 홍군(공산군)이 대륙을 차지하기 위해 치열하게 싸우고 있었다. 객관적인 전력상으로는 국부군이 홍군을 압도했다. 병력도 훨씬 많았을 뿐만 아니라 미국이 지원해준 무기 덕분에 장비도 우세했다.

모택동은 전세가 불리함을 알고 북만주의 군사요충지인 하얼빈을 포기하기로 결정한다. 이때야말로 중국 내전을 종식시킬 수 있는 절호의 기회였다. 하지만 여기서 변수가 발생한다. 미국이 장개석에게 만주를 공격하지 말라고 요청한 것이다. 미국은 장개석이 만주를 공격할 경우 모택동이 소련을 끌어들일 것을 우려했던 것이다.

아무리 마셜 장군의 요청이 있었다 해도 그것을 받아들이고 말고는 장개석의 몫이었다. 문제는 그가 우유부단한 인물이었다는 것이다. 압도적인 우세 속에서 홍군에게 총공세를 가한

장개석

다면 승리할 수 있는 상황에서, 그는 공격 중지 명령을 내리고 만다. 그 사이 모택동은 마셜 장군과 협상을 진행하면서도 뒤로는 착실히 전력을 강화한다. 여기에 소련이 일본으로부터 압수한 무기를 공산군에게 제공함으로써 결국

전세는 역전되고 만다.

그 후 승기를 놓친 국부군은 계속 밀려 1948년 만주에서 홍군에 의해 40만 명이 무장해제를 당하는 상황이 벌어진다. 결국 장개석은 대륙을 포기하고 현재의 타이완 섬으로 철수한다. 우유부단한 리더 한 사람이 자신은 물론 국민들까지 희생시킨 것이다.

현대를 무한 경쟁의 시대라고 한다. 이러한 시대에 리더가 우유부단해서 결단을 내리지 못한다면 그 조직은 망할 수밖에 없다. 결단하기 전에 최대한 많은 정보를 모아야 하겠지만, 100퍼센트 충족되는 정보란 없다. 정보를 충분히 모았다 해도 모두 신뢰할 수 있는 것은 아니다. 시테크, 분테크를 강조하는 시대에 리더는 의사결정을 마냥 뒤로 미뤄서는 안 된다. 모아진 정보를 해석하고 선택하는 것은 궁극적으로 리더의 경험과 지혜에 달려 있다.

의사결정을 다른 사람이나 시스템에 의존하는 리더도 있다. 스스로 결정하기보다는 책임이 다수에게 분산되는 위원회나 회의를 통해 결정하는 것을 편하게 생각하기 때문이다. 일이 잘못되었을 경우, 책임에서 벗어날 수 있다는 유혹도 물론 있을 것이다. 위원회나 보좌 그룹의 조언을 구하는 것은 좋다. 하지만 그것은 어디까지나 참고만 해야 한다.

리더가 우유부단함을 버리고 신속하게 결정하기 위해 다음과 같은 방법을 사용한다면 많은 도움이 될 것이다.

먼저 결정에 시한을 정한다. 평소에 사소한 일부터 짧은 시간 안에 결정하는 연습을 하는 것도 좋은 방법이다. 시한을 정해 놓고 집중적으로 생각한 후 판단하면 우유부단이라는 함정에서 벗어날 수 있다.

다음으로 단순하게 생각한다. 일단 지엽적인 문제는 제쳐두고, 문제의 본질만 생각한다. 자신과 조직에서 가장 중요한 일이 무엇인지 알면 아무리 복잡한 문제라도 의외로 쉽게 해결할 수 있다.

마지막으로 지나치게 완벽해지려고 하지 마라. 세상에 어떠한 것도 완벽한 것은 없다. 신중한 것은 좋지만 완벽해지기까지 기다린다면 때는 이미 늦다. 만일 잘못되면 책임을 지겠다는 각오로 임해야 한다.

가장 잘못된 결정은 내리지 못한 결정이라는 말이 있다. 삶은 선택이고 결정이다. 선택과 결정이 모여 삶이 된다. 출근시 옷 입는 문제부터 점심 메뉴를 고르는 일 그리고 직장에서 크고 작은 일들이 선택을 기다린다. 과거에는 선택의 폭이 제한되어 있어서 비교적 결정하기가 쉬웠다.

그러나 요즘은 옷이나 자동차 또는 스마트폰을 고르든, 심지어 커피 한잔을 마실 때도 워낙 다양한 메뉴 때문에 쉽게 결정하기가 어렵다. 많은 사람들이 이와 같은 선택과 결정에 스트레스를 받는다. 오죽하면 미국에서 '랜덤' 자판기가 나왔겠는가. 어느 것을 마실지 고민할 필요도 없이 기계에서 주는 대로 마시면 된다.

또 '퍼스널 쇼퍼'(personal shopper)라는 직업도 있다. 고객의 나이, 취향, 직업 등을 고려하여 구매를 대행해 주는 직업이다. 복잡하고 바쁜 세상에 참 편리한 아이디어라는 생각이 든다. 하지만 모든 선택과 결정을 다른 사람에게 맡기다보면 자신의 인생마저 타인에게 맡기게 될지도 모른다. 스스로 선택해야 비로소 자신의 인생이다. 선택이 없으면 인생도 없는 것이다.

리더가 결정을 하지 못하고 고심하는 심정은 충분히 이해가 간다. 필자도 다소 신중한 성격으로 매번 결정에 어려움을 겪었다. 특히 군에서 지휘관이 결정하면 그게 바로 법이고 행동 지침이 된다는 점에서 쉽게 결정할 수 있는 것은 아무것도 없었다. 자신의 결정에 조직의 운명이 달려 있기 때문이었다.

신중하고 합리적인 리더일수록 본인이 완전히 이해할 때까지 결심을 미루는 경향이 있다. 이것은 합리적이고 신중한 리더의 약점이 된다. 하지만 생각해 보라. 모든 부하들이 리더만 바라보고 있는 긴박한 상황에서 언제까지 결정을 미룰 수 있겠는가. 긴급하고 조직 전체에 유익하다면 때로는 주변의 반대를 무릅쓰고라도 과감하게 결단하고 밀고 나가는 뚝심이 필요하다. 여론이나 주변의 압력 때문에 이리저리 눈치나 살핀다면 리더로서 자격이 없는 것이다.

리더의 결심이 서야 부하들은 움직일 수 있다. 리더의 결심이 늦어지면 조직 전체가 늦어져서 시간과 자원을 낭비하게 된다. 중요한 문제일수록 결정은 어렵게 마련이다. 회의를 하고 다수의 의견을 듣는다고 결론이 나오는 것도 아니다. 결정은 리더의 숙명이다. 그래서 리더는 고독하다.

리더는 외부의 적뿐 아니라 내면의 '두려움'과도 싸워서 이겨야 한다. 리더의 가장 중요한 임무 중 하나는 선택하고 결정을 내리는 것이다. 결정을 못 하는 우유부단한 리더는 그 자리를 다른 사람에게 넘겨줘야 한다.

5
실수를 인정하지 않는 리더에게 미래는 없다

실수는 인간적인 것이다.
아무것도 시도하지 않으면 아무런 실수도 하지 않는다.
• 괴테 •

사람은 누구나 실수를 한다. 실패와 실수는 인간의 운명이다. 중요한 것은 같은 실수를 반복하지 않는 것이다. 같은 실수를 반복하지 않으려면 먼저 자신의 실수를 솔직히 인정해야한다.

하지만 자신의 실수를 인정하기란 말처럼 쉽지 않다. 부모조차 자녀에게 한 실수를 인정하고 사과하는 것이 어렵다고 한다. 보통 사람에게도 실수를 인정하는 것이 이렇게 어렵다면 리더에게는 몇 배나 더 힘들 것이다. 특히 아랫사람에게 실수를 인정하기란 더더욱 어렵다. 그렇다면 리더들은 왜 실수를 잘 인정하지 못하는 것일까?

사람들 앞에서 완벽하고 멋진 사람으로 보이고 싶은 것은 인간의 본능이다. 아무리 인품이 좋은 리더라도 실수를 지적하면 기분 나쁘고 화가 나기 마련이다. 작은 오점일지라도 자신의 이미지에 나쁜 영향을 미치기 때문이다. 그렇기 때문에 리더는 실수에 더욱 민감할 수밖에 없다. 이 때문에 과거에 많은 충신들이 임금의 잘못을 바로잡으려고 간언하다가 목숨을 잃었다.

모든 리더는 실력이든 인품이든 부하들로부터 인정받는 사람이 되고 싶어 한다. 그것이 조직을 효율적으로 이끌어 가는 힘이 되기 때문이다. 그래서 리더는 자신이 실수를 인정하는 순간, 지금까지 쌓아온 명성과 신뢰를 잃지는 않을까 두려워한다. 또한 이것은 자신의 자존심과도 직결되는 문제다.

일반적으로 사람은 직위가 높아질수록 자신이 똑똑하다고 착각하는 경향이 있다. 그래서 자신이 실수를 저질렀을 때, 그것을 잘 모르거나 안다고 해도 이를 인정하지 않으려 한다. 특히 군에서 지휘관은 부하의 생사여탈권을 가진 무소불위의 존재다. 지휘관을 바라보는 부하들의 시선은 존경을 넘어 경외의 대상이다.

또한 권위적인 리더일수록 자신의 실수를 인정하지 않는 경향이 있다. 이러한 리더는 자신의 지시나 명령이 잘못된 것을 알아도 끝까지 밀어붙인다. 하지만 이것은 매우 어리석은 행동이다. 부하들은 알면서도 리더의 권위에 숨죽이고 있을 뿐이다. 주위의 비난이나 체면 때문에 자신의 실수를 인정하지 않으면 더 이상 개선의 여지가 없다.

'망양보뢰(亡羊補牢)'라는 성어가 있다. "양 잃고 우리를 고친다."는 말로 흔히 "소 잃고 외양간 고친다."는 속담은 여기서 유래했다. 소를 잃어 버린 후 외양간을 고쳐봐야 무슨 소용이 있느냐는 후회의 말이지만, 실수한 뒤 그것을 깨닫고 재빨리 고치면 그래도 늦지는 않다는 뜻으로로 쓰인다.

중국 전국시대 초(楚)나라에 장신(莊辛)이라는 대신이 있었다. 그는 향락에 빠져 국사를 돌보지 않고 있던 양왕(襄王)에게 다음과 같이 간했다.

"대왕께서 궁 안에서는 좌편에 주후를, 우편에 하후를 데리고 계시고, 궁 밖에 나가실 때에는 언릉군과 수근군이 대왕을 모시는데, 이 네 사람은 음탕하고 방종하여 재정을 낭비하므로 이렇게 계속 되면 나라를 보전하지 못할 것입니다."

양왕은 장신의 말을 듣고는 "무슨 소리를 그렇게 하느냐?"라며 "그대는 망령이라도 들었나 보군, 그런 엉뚱한 말로 이나라 백성의 민심을 혼란시킬 수작이 아닌가?"라고 버럭 화를 내며 꾸짖었다.

그러나 장신은 조금도 망설이지 않고 대답했다.

"신은 현재의 이 실정을 목격하고는 더 이상 함구할 수가 없었습니다. 사실이 그렇지 않다면 초나라가 어찌 오늘과 같은 지경에 이르렀으며 신이 어찌 감히 민심을 혼란시키겠습니까? 황공하오나 대왕께서는 하루 속히 이 일을 시정하시기 바라오며 만일 계속 이 네 사람만을 총애하신다면 초나라의 존망은 조석에 달릴 것입니다."

그래도 받아들여지지 않자 장신은 잠시 조나라에 가서 시국이 돌아가는 형편을 볼 수 있도록 허락해 달라고 간청했다.

이렇게 하여 장신은 조나라로 갔으며, 초의 양왕은 여전히 사치와 방탕을 그치지 않았다. 그 후 얼마 지나지 않아 장신의 예견대로 진나라가 초나라를 침공하여 파죽지세로 초나라 수도를 점령하자 양왕은 망명길에 오른다. 그제야 비로소 양왕

은 장신의 말을 깨닫고는 조나라에 즉각 사람을 보내 장신을
불러오게 했다.

양왕은 장신이 초나라로 돌아오자 이렇게 말한다.

"과인이 애당초 그대의 말을 들었다면 오늘 이 지경에 이르
지는 않았을 텐데, 지금 후회를 해도 소용이 없겠으나 그래도
이제 과인이 어찌해야 좋을지 알려줄 수 없겠소?"

그러자 장신은 다음과 같이 대답한다.

"신이 일찍이 이런 말을 들은 적이 있습니다. 토끼를 보고
나서 사냥개를 불러도 늦지 않고, 양이 달아난 뒤에 우리를 고
쳐도 늦지 않습니다(見兎而顧犬 未爲晩也 亡羊而補牢 未爲遲也).
오직 왕께서 이전의 잘못을 고치고 국정에 전념하고 훌륭한
신하를 등용한다면, 진나라에 잃었던 땅을 되찾을 수 있을 것
입니다."

초나라 양왕은 자신의 어리석음으로 나라를 잃을 위기를 맞
았으나 실수를 인정하고 재빨리 수습함으로써 그 위기에서
벗어났다. 일을 추진하다 보면 실수는 언제나 일어날 수 있다.
중요한 것은 실수를 솔직하게 인정하는 것이다. 실수를 인정
하지 않는다면 대책을 세우는 것이 불가능해진다. 과거에 잃

어버린 양만을 생각하면서 탄식할 것이 아니라 보다 튼튼한 울타리를 만들어 더 큰 손실을 막고 새로운 도약과 발전의 계기로 삼는 것이 지혜로운 사람의 처사이다.

임진왜란이 발발해 조선을 파죽지세로 유린한 왜군이 20여 일 만에 수도인 한양까지 점령하자 선조는 의주로 몽진했다. 그로부터 1년이 지난 1593년 2월 도원수 권율은 약 1만 명의 조선군을 가까스로 수습하여 행주나루를 건넜다. 원래 권율은 한강 남쪽에서 대기할 예정이었으나, 한시라도 빨리 수도를 되찾아야 한다는 생각에 강을 건너 강북으로 들어왔다. 자신감에 넘친 권율은 아예 무악재까지 진군해 주둔하려 했지만 부하들의 만류로 행주나루 옆 작은 야산에 주둔하게 되었다. 이곳은 오래된 토성이 있었지만 그야말로 흔적만 있을 뿐 제대로 된 성벽 하나 남지 않은, 말 그대로 버려진 작은 언덕에 불과했다.

군은 하루라도 주둔하면 참호를 파고 전투에 대비하는 것이 전술의 원칙이다. 그러나 권율은 다가올 결전에 대비해서 병사들을 쉬게 하라고 명령했다. 참모들이 원칙을 들어 안 된다고 반대했지만 권율은 고집을 꺾지 않았다. 그런데 천만다행으로 권율이 잠시 자리를 비우게 되었다. 그사이 조방장 조경이 권율의 명령을 어기고 공사를 강행했다. 조경은 이중으로 목책을 세우고 목책 뒤로 참호까지 팠다. 공사를 단기간에 마치기란 쉬운 일이 아니었다. 천우신조라고 할까. 이틀 동안 전력을 다한 끝에 겨우 공사를 마쳤을 때 벽제관에서 명군을 대패시킨 왜군 3만 명이 몰려들었다.

왜군 대장은 도요토미 히데요시가 총애하던 고니시 유키나가로, 그는 평양성에서 명군을 대파시킨 여세를 몰아 조선군을 섬멸하고자 단단히 벼르고 있었다. 고니시는 병력을 7개 대대로 나누어 하루에 9차례나 공격을 감행했다. 그야말로 사생결단, 필사적인 공방전이었다. 만일 조방장 조경의 준비가 없었다면 조선군은 세 배 이상의 병력과 조총을 가진 왜군에게 전멸했을 것이다. 이렇게 되면 임진왜란 3대 대첩 중의 하나인 행주산성 전투도 없었을 것이며, 조선의 운명도 어떻게 달라졌을지 모른다.

여기서 주목할 것이 있다. 병사들을 쉬게 하라는 권율의 명령에도 불구하고 조경이 공사를 강행했다는 점이다. 권율은 원래 문신으로 임진왜란이 일어나자 무장이 된 특이한 경력의 소유자로 자신의 실수를 인정할 줄 아는 인물이었다. 그렇기 때문에 부하인 조경은 상관인 권율의 실수를 시정할 용기를 낼 수 있었던 것이다.

이처럼 리더의 결정은 항상 정답만 있는 것이 아니다. 하지만 리더가 솔직하게 실수를 인정하면 분명 그 실수를 만회할 기회는 있다. 잘못된 정책인 줄 알면서도 리더가 자신의 체면이나 매몰 비용이 아까워 실수를 인정하지 않는다면 조직의 손해는 눈덩이처럼 늘어날 게 뻔하다. 특히 위기 때에는 조직을 위험에 빠뜨리고 부하들을 사지로 내몰 수도 있다.

실수를 인정하는 데에는 용기가 필요하다. 또한 그것을 책임질 자세가 되어 있는 사람만이 실수를 인정한다. 자신감이 약한 사람일수록 실수를 인정하지 않고 변명에 급급하며 자신의 약점을 숨기려 한다. 자신의 실수나 약점을 인정하고 드러내는 일은 용기 있는 행동이다. 건강하고 강한 사회나 조직은 자기의 약점을 숨기는 것이 아니라 과감하게 드러낸다. 반면 독재자나 권위적인 리더는 자신의 치부를 드러내는 것을 극도로 꺼린다.

실수를 인정하는 순간, 우리는 그 실수를 객관적으로 볼 수 있는 눈이 생긴다. 리더라면 그런 눈을 가져야 한다. 사람들은 실수를 인정하는 상대를 미워하지 않는다. 자신도 언제고 실수할 수 있다는 것을 알기 때문이다. 당신이라면 자신의 실수를 인정하지 않는 리더와 실수를 솔직히 인정하는 리더 중 누구를 따르겠는가.

자신은 절대 실수하지 않을 것이라고 생각한다면 이것이야말로 리더의 가장 큰 실수이며, 오만이다. 사람이 성장하는 데 있어서 실수나 실패는 불가피하다. 임진왜란 당시 불패의 명장으로 활약했던 이순신 장군도 젊은 지휘관 시절 여진족과의 전투에서 패해 많은 부하들을 잃고 백성들을 빼앗긴 경험이 있다. 이순신은 그 패배를 통해 귀중한 경험을 얻었고, 그것은 임진왜란에서 불패의 신화를 만든 밑바탕이 되었다. 따라서 리더는 실패나 실수를 통해 배우고 새로운 도약의 계기로 삼아야 한다.

한 번의 실수로 감옥에 갔다 온 후 새 삶을 시작하려는 사람들은 대개 사회 적응에 어려움을 겪는다고 한다. 그 이유는 대개가 주위의 편견 때문이다. '주홍글씨'로 낙인찍힌 사람이 그 오명을 벗기까지는 몇십 년이 걸린다. 이러한 이유로 사람들은 실수를 인정하기보다는 해명을 하거나 핑곗거리를 찾는다. 하지만 해명은 자신이 의도하든 그렇지 않든 사실을 왜곡하거나 과장해서 또 다른 거짓을 만들기 쉽다.

이때 리더답게, 부끄럽지 않게 실수를 해결하는 방법은 실수를 깨끗이 인정하는 것이다. 이로 인해 자신의 자리나 신뢰를 잃을 수도 있다. 하지만 다른 방법이 있겠는가. 자신이 인정하지 않는다고 해도 부하들과 동료들은 이미 알고 있다. "정직이 최선의 정책"이라는 말처럼 자신의 실수를 깨끗하게 인정하고 되풀이 하지 않는 리더야말로 훌륭한 리더다.

6
책임을 회피하면
리더가 아니다

모든 성공한 사람들이 가진 공통된 자질 한 가지는
'책임을 이행하는 능력'이다.
• 마이클 코다 •

2014년 4월 16일은 특별할 것 하나 없는 평범한 수요일이었다. 그날 청해진해운 소속의 세월호는 476명의 승객을 태우고 인천에서 제주로 향하고 있었다. 승객 중에는 신혼여행을 가는 부부, 도시생활을 접고 전원생활을 꿈꾸던 가족, 효도관광을 나선 어른신들, 그리고 대부분은 제주도로 수학여행을 가던 안산 단원고 학생들이었다.

모두가 여행의 즐거움에 들떠 있던 오전 9시경 세월호는 진도 해상 부근에서 갑자기 전복되어 이틀 후 완전히 수면 아래로 가라앉았다. 이 시간 동안 유가족들과 많은 국민들은 배에

남아 있던 사람들이 차가운 바다 속으로 사라지는 모습을 참담하게 지켜봐야 했다. 이 사고로 탑승 인원 476명 중 295명이 사망하고 9명이 실종되었다. 세월호 참사는 많은 국민들에게 큰 충격을 안겨주었으며, 대한민국의 민낯을 만천하에 드러낸 사고였다.

국민들을 더욱 분노케 한 것은 배를 끝까지 책임져야 할 이준석 선장을 비롯해 항해사, 기관사 등 승무원들이 배와 승객들을 버리고 먼저 탈출했다는 점이다. 이들은 '배 안이 더 안전하니 안에서 대기하라.'며 승객들을 안심시켜 놓고 자신들은 배를 빠져나왔다. 국민들은 이들의 몰염치하고 무책임한 행동에 치를 떨었다.

희생자 대부분은 단원고 학생들이었다. 이제 막 인생의 봄을 맞이한 어린 학생들에게는 너무나도 큰 비극이었다. 4월의 초록처럼 젊고 푸른 꿈을 가진 그들은 그렇게 모두 우리의 곁을 떠났다. 사랑하는 이들과 작별 인사를 채 나누지도 못하고 떠나야 했던 그들의 고통과 절망과 탄식이 귓전에 들리는 것만 같다.

사고의 원인으로는 물론 여러 가지가 있을 것이다. 하지만 무엇보다 직접적이고 가장 큰 원인으로는 배를 끝까지 사수해야 할 선장을 비롯한 승무원들의 무책임한 태도를 꼽을 수 있다. 이들에게 승객을 살려야 한다는 기본적인 양심과 책임감만 있었어도 그렇게 큰 희생은 일어나지 않았을 것이다. 배의 구조를 임의로 변경하고, 평형수를 줄여 상습적으로 과적한 청해진해운의 불법적이고 비도덕적인 경영도 근본 원인일 수 있다. 하지만 기술적이고 구조적인 원인은 그다음 문제다.

이들이 배와 승객을 버리고 먼저 탈출하는 순간에도 끝까지 남아 탑승객들을 도운 사람은 고 박지영(매점 근무, 구명조끼를 학생에게 양보하고 학생들의 구조를 돕다가 끝내 사망) 씨를 비롯한 비정규직 승무원들이었다. 그들은 배에서 도망친 선장과 승무원들의 무책임한 행동으로 구조할 수 있는 골든타임을 모두 허비하고 강제로 수장된 것이나 다름없다. 이처럼 세월호 참사는 책임감 없는 리더가 얼마나 큰 재앙을 불러오는가를 극명하게 보여준 사고라 할 수 있다.

사실 무책임한 리더는 적보다도 무서운 존재다. 시대가 변한다 해도 리더십의 본질은 결코 변하지 않는다. 솔선수범과 희생정신, 그리고 책임감이 그것이다. 책임감은 리더십의 처음이자 끝이라 해도 과언이 아니다. 아무리 능력이 뛰어나다 해도 리더의 기본 자질인 책임감이 없다면 무용지물이다.

평범한 개인에게도 책임감은 인생의 성패를 좌우하는 중요한 성품이다. 책임감은 자신보다 조직 전체와 구성원을 먼저 생각하는 마음이다. 책임감이 없는 사람은 설 자리가 없으며, 어디서도 성공할 수 없다.

1852년 2월 남아프리카공화국 근처, 영국 해군 수송선 버큰헤드 호가 암초에 부딪혀 침몰하기 시작했다. 당시 배에는 영국 73보병연대 소속 군인 472명과 그들의 가족 162명이 타고 있었다. 하지만 구명보트는 3대, 최대 승선 인원은 180명이었다. 이처럼 긴박한 상황에서 함장인 세튼 대령은 단호한 결심을 한다.

그는 어린이와 여자부터 구명보트에 태우라고 지시하고, 함장을 포함한 군인 472명을 모두 갑판에 모이도록 했다. 갑판에 모인 군인들은 함장인 세튼의 명령에 따라 배와 함께 운명을 같이했다. 한 명도 동요하지 않은 채 부동자세로 군가를 부르고 멀어져 가는 구명보트를 향해 거수경례를 하면서 그들은 생을 마감했다. 이후 영국에서는 해상 사고가 발생하면 승무원 모두가 '버큰헤드 호의 정신'을 지상명령으로 생각하고 실천했다. 그리고 이러한 희생정신은 오늘날까지 계속 이어져 영국의 자랑스러운 전통이 되었다.

> 존경하는 마이드 장군!
>
> 이 작전이 성공한다면 그것은 모두 당신의 공로입니다. 그러나 만약 실패한다면 그 책임은 내게 있습니다. 만약 작전에 실패한다면 장군은 링컨 대통령의 명령이었다고 말하십시오. 그리고 이 편지를 모두에게 공개하십시오!
>
> — 에이브러햄 링컨

에이브러햄 링컨

이 편지는 미국의 16대 대통령 에이브러햄 링컨(Abraham Lincoln, 1809~1865)이 남북전쟁 중 가장 치열했던 게티즈버그 전투 때 마이드 장군에게 공격 명령을 내리면서 보낸 짧은 편지다. 책임은 자신이 지고 영광은 부하에게 돌리는 참다운 지도자의 모습이란 이런 것이다. 링컨이 미국 역사상 가장 위대한 지도자가 된 것은 바로 이러한 책임감 때문이다.

피터 드러커는 그의 인재론에서 이렇게 말했다.

"리더는 모든 책임의 종착역이 되어야 한다. 그리고 조직의 분명한 소리를 내는 나팔수며 조직이 나아갈 방향을 명확히 가리키는 자다. 또한 조직원들에게 믿을 수 있는 보증수표가 되어야 한다. 따라서 실천할 수 없는 일에 대해 함부로 백지수표를 남발해서는 안 되며, 언행일치의 일관성을 지녀야 한다."

리더가 조직 전체보다 자신의 이익과 안위만을 생각한다면 그 조직은 불행해질 수밖에 없다. 우리는 역사에서 무책임한 리더를 만났을 때 국민이 얼마나 불행해졌는지 경험을 통해 잘 알고 있다. 임진왜란 당시 백성들을 헌신짝처럼 버리고 도주하기에 바빴던 선조와 지배층, 북한이 남침하면 점심은 평양에서 먹겠다고 호언장담하던 지도자들이 막상 전쟁이 일어나자 먼저 서울을 빠져나간 후 아무런 경고도 없이 한강다리를 폭파하여 수많은 사람들이 희생됐던 일 등이 그러하다.

이러한 점에서 보았을 때, 세월호 참사는 이미 예견된 것이었는지도 모른다. 특히 위기 시 리더의 행동은 조직과 구성원의 생(生)과 사(死)를 가른다. 이런 상황에서 리더는 더 큰 책임감으로 자신의 위치를 지키고, 조직이 나아갈 방향을 제시해야 한다.

초등학교 출신인 다나카 가쿠에이 일본 전 총리가 대장성 장관으로 임명되었을 때 일본 엘리트 관료 집단의 본산인 대장성은 노골적으로 불만을 표출했다. 그러나 다나카는 다음과 같은 짧은 취임사 한마디로 그들의 우려와 불만을 일거에 해소했다.

"여러분은 천하가 알아주는 수재들이고, 저는 초등학교밖에 나오지 못한 사람입니다. 더구나 저는 대장성 일에 대해서는 깜깜합니다. 따라서 대장성 일은 여러분들이 하십시오. 나는 책임만 지겠습니다."

그가 상대에 대한 인정과 존중, 그리고 리더로서 모든 책임을 지겠다는 자세를 보이자 직원들이 마음의 문을 활짝 열었던 것이다.

『논어』에 '군자구제기(君子求諸己), 소인구제인(小人求諸人)'이라는 말이 있다. 군자는 모든 책임을 자기에게서 찾고, 소인은 모든 책임을 남에게서 찾는다는 말이다. 리더는 군자와 같아야 한다. "공은 부하에게 돌리고, 과는 본인에게 돌리라."라는 말도 동일한 의미다. 그러나 현실은 정반대인 경우가 많다. 어떤 일을 추진하다가 잘못되면 실무자에게 모든 책임을 떠넘기고 자신은 아무 잘못이 없다는 듯 빠져 나가는 상사들이 많다.

과거에 국가의 최고 지도자가 잘못을 했을 때 그를 보좌하는 참모 때문에 그렇게 되었다고 주장하는 사람들이 있었다. 그 참모를 고르고 기용한 사람이 누구인가. 그것을 생각하면 책임은 명확해진다. 훌륭한 리더는 부하의 잘못까지 떠안지만, 어리석은 리더는 자신의 잘못까지 부하의 책임으로 돌린다. 리더가 책임을 회피하거나 부하들에게 미룬다면 리더의 생명은 이미 끝난 것이다.

리더는 권한은 위임할 수 있어도 책임까지 위임할 수는 없다. 자리만 차지하고 있다고 해서 리더가 아니다. 그래서 리더는 영광의 자리인 동시에 고독하고 외로운 자리인 것이다. 별이 홀로 빛나듯이 고독과 외로움은 리더의 운명이다. 인류가 만들어 낸 모든 위대한 것들은 고독과 외로움의 산물이다. 리더가 된다는 것은 외로움과 친구가 되는 것이다. 따라서 리더는 홀로 고독을 즐길 줄 알아야 한다.

인간은 사실 나약한 존재다. 특히 자신의 지위와 생명이 걸린 절체절명의 순간에 그러한 모습은 여실히 드러난다. 군이나 기업 등 어느 조직이건 내부에 문제가 발생하면 대개 축소하거나 은폐하려 한다. 특히 대형사고와 같이 국가적 재난이 발생하면 책임져야 할 사람들이 책임을 회피하기에 바쁘다. 인간적으로는 물론 이해가 간다. 책임을 인정하는 순간 그동안 쌓아왔던 명예와 지위가 모두 날아가기 때문이다.

세월호 사고 후에도 이런 모습은 예외가 아니었다. 세월호를 운영해온 청해진해운도, 선박 운행을 관리 및 감독해야 할 해경 등 정부기관의 책임자 가운데 어느 누구도 책임을 인정하지 않았다. 아무도 책임이 없다면 도대체 누구의 책임이란 말인가. 혹자는 모든 국민들의 책임이라고 말한다. 물론 맞는 말이다. 그러나 모두의 책임이라는 말은 어느 누구의 책임도 아니라는 말과 같다. 이는 직접적으로 책임 있는 자들에게 면죄부를 주는 것이나 다를 바가 없다.

리더에게 권한을 준 것은 그만큼의 책임을 준 것이다. 권한이 많아지면 책임도 그만큼 늘어난다. 리더의 자리가 힘든 이유는 일이 어려워서라기보다는 책임을 져야 하는 마음의 자세 때문이다. 부하들은 상사가 책임을 져주지 않으면 자기가 책임질 정도로만 소극적으로 임하게 된다. 이러한 조직이 어떻게 큰 성과를 낼 수 있고, 생존할 수 있겠는가.

리더는 책임질 상황이 생기면 어떠한 경우든 피해서는 안 된다. 리더가 책임지겠다고 나서면 부하들은 경계심을 거둔다. 어려울 때 책임지는 모습을 보여야 부하들은 리더를 믿고 따르게 된다. 그로부터 발생하는 구성원들의 신뢰와 영향력이 바로 리더십의 핵심이다. 리더는 조직의 성패를 최종적으로 책임진 자다. 십자가를 질 각오가 없다면 리더의 자리에 앉아서는 안 된다. 리더의 모든 것은 책임감에서 비롯되기 때문이다.

7

이기적인 리더는
조직의 암덩어리다

이기적인 사람은 남을 위할 줄도 모를뿐더러
자기 자신도 위하지 못한다.
• 에리히 프롬 •

영국의 진화생물학자 리처드 도킨스는 『이기적 유전자』에서 다음과 같이 주장했다.

"인간은 진화의 주체가 아니고, 유전자(DNA)가 자신의 생존을 위해 프로그램된 생명기계에 불과하다. 개체가 전체를 위해 자신을 희생하는 것과 같은 이타적 행위도 유전자를 보호하려는 이기적 목표 달성을 위한 교묘한 전략이다. 다만 인간은 유전자의 지배와는 별개로 자유의지와 문명을 통하여 유전자의 독재를 충분히 이겨낼 수 있다."

그렇게 본다면 결국 완전히 이타적 행위란 있을 수 없으며,

이기적 행동은 생명체의 거스를 수 없는 운명인지도 모른다.

개미나 벌 같은 곤충들을 보면 자신들의 둥지에 적이 침투하면 주저 없이 생명을 내던진다. 생명을 아까워하지 않는 이러한 자기희생이야말로 지구상에서 이들 집단이 번성할 수 있었던 이유이다. 하지만 이러한 극단적인 이타적 행위조차도 집단의 유전자 보호라는 이기적인 목표 달성을 위한 행동으로 설명이 가능하다는 점에서 도킨스의 '이기적 유전자' 개념은 여전히 유효하다.

심리학자들은 사람들의 이타적 행동도 사실은 이타심을 가장한 이기적 행동이라고 본다. 자선 행위조차도 자기만족이라는 이기적 동기 때문이라는 것이다. 사람들의 자선 행위도 자신의 탐욕적인 이미지를 개선하기 위한 이기적 마음에서 비롯된다고 보는 것이다.

그렇다고 해서 이기적 행동과 이타적 행위가 동일한 것은 아니다. 이타적 행위는 동기가 이기적이었다고 해도 결과적으로는 이타적인 결과를 가져온다. 반면 이기적 행동은 처음부터 끝까지 자신만의 이익을 추구하며, 다른 사람들에게 피해를 준다.

생명을 가진 모든 존재는 생존 본능을 가지고 있다. 생존 본능은 사람을 이기적으로 만든다. 이것을 무조건 나쁘다고 비난할 수는 없다. 국가의 모든 행위도 국익이 전제되어 있다. 이것은 현실주의 국제정치의 기본 전제다. 개인이나 조직도 마찬가지다. 이러한 이기적 행동이 바로 개인과 사회를 발전시키는 원동력이라고 긍정적으로 생각할 수 있다.

문제는 자기방어를 넘어서 사적 이익만을 추구하고 타인을 전혀 배려하지 않을 때다. 인류가 국가나 기업과 같은 조직을 만든 이유는 개인이 할 수 없는 일을 함께하기 위해서다. 여러 사람이 협력할 때 이러한 목표를 보다 효과적으로 달성할 수 있다. 개인적인 이기심으로 자신의 이익만 추구한다면 조직은 살아남을 수 없다. 사람들이 이기심을 억제하고 서로 협력을 추구했기 때문에 인류는 생존하고 번영할 수 있었다.

산악인들은 히말라야와 같은 산을 오를 때 극한의 상황을 극복하기 위해 서로 몸을 로프로 묶고 한발씩 정상을 향해 나아간다. 이러한 상황에서 어느 한 사람이라도 자기희생을 거부하면 팀 전체는 위험에 빠진다. 만약 보초병이 밤에 피곤하다고 경계를 포기하고 잠을 잔다면 그 부대는 어떻게 되

산호세 광산 매몰 때 구조된 33명의 광부들

겠는가.

2010년 8월, 칠레의 산호세 광산에서 붕괴사고가 일어나 33명의 광부가 지하 700미터 갱도에 매몰된 적이 있었다. 그들이 갇힌 장소는 폭과 높이가 각각 6~12m에 불과한 좁은 곳이었다. 당시 갱도 내의 임시 대피소에는 물 20ℓ, 우유 16ℓ, 주스 18ℓ, 참치 통조림 20개, 강낭콩 통조림 4개, 크래커 96통 등이 있었다. 겨우 광부 열 명이 48시간을 버틸 수 있는 식량이었다.

사고 후 일주일이 지나자 광부들이 살아 있을 가능성은 불과 2%라는 절망적인 보고서가 흘러나왔다. 불면증에 시달리던 광산부 장관은 몰래 심령술사를 찾아가기도 했다. 당시 대부분의 언론들도 그들이 모두 사망했을 것이라고 추정했다. 매몰 15일째 되던 날, 광부들은 마지막 음식을 함께 나눠 먹었다. 얼마나 더 버틸 수 있을지는 그 누구도 장담할 수 없었다. 지상에서는 피녜라 칠레 대통령이 중심이 되어 필사적인 구조작전을 펼치고 있었다. 광부 가족들은 하나둘 광산으로 몰려들어 텐트를 쳤다. 일명 '희망 캠프'가 작은 희망을 불씨를 지피고 있었다.

한편 갱도 안 대피소에서는 여러 개의 드릴 소리가 끊이지 않고 들렸지만 갱도 안에서 발생하는 여러 소음 때문에 정확한 위치를 가늠할 수가 없었다. 다가오는 듯하다가 빗나갔던 경험을 여러 번 겪었기에 긍정적인 생각은 접은 지 오래였다. 그리고 17일째 되던 날, 대피소에 있던 비야로엘은 놀라운 장면을 목격했다. 드릴이 벽을 뚫고 나왔던 것이다.

지상의 시추 현장에서도 놀라기는 마찬가지였다. 누군가가 숟가락으로 드릴을 두드리는 것 같은 소리를 들은 것이다. 둔중한 금속 소리가 밑에서 연달아 들려왔다. 생존자의 신호가 틀림없었다. 얼마 뒤 드릴 비트가 완전히 지상으로 빠져나오자 드릴 끝에 묶인 노란 비닐봉지가 눈에 띄었다.

비닐봉지 안에는 지하에서 보낸 메시지가 있었다. 선명한 빨간색 글씨로 "우리 33인은 대피소에 살아 있습니다."라고 쓰여 있었다. 지지부진하던 구조작업은 활기를 띠었다. 그리고 69일간의 사투 끝에 모두의 예상을 깨고 단 한 명의 낙오자도 없이 전원이 구조되었다. 그들은 부족한 식량, 습도 90%, 섭씨 35도가 넘는 지하에서 초인적인 인내력을 발휘하여 살아남았던 것이다.

특히 이 과정에서 작업반장이었던 '루이스 우르주아'의 헌신적인 리더십이 큰 주목을 받았다. 그는 혼란과 공포에 질린 동료들을 안정시키고, 업무를 분담해 역할을 부여했으며, 갱내의 질서를 유지했다. 그들은 구조가 진행될 때에도 서로 먼저 나가라고 양보하는 등 끝까지 동료애를 발휘했다. 만일 그들이 혼자만 살겠다고 이기적으로 행동을 했다면 갱내는 순식간에 지옥으로 변하고 모두가 위험에 처했을 것이다.

이에 대해 영국 〈가디언〉의 남미 특파원으로 유일하게 구조 현장을 취재했던 조나단 프랭클린은 광부들의 전원 구조를 한마디로 리더십의 승리라고 평했다. 갱내에서는 작업반장 루이스 우르주아의 민주적이고 헌신적인 리더십이 빛을 발했고, 광부들이 사투를 벌이는 동안 밖에서는 피녜라 칠레 대통령이 구조 상황을 진두지휘하며 모든 가능성을 총동원한 적극적인 리더십으로 이러한 기적을 만들었다는 것이다.

　이러한 광경은 세월호 사고 당시의 구조 활동과 크게 대조된다. 탈출한 세월호 선장과 승무원들이 조금만 희생정신을 발휘했더라면, 그리고 정부에서 적시에 모든 구조 수단을 동원했다면 결과는 완전히 달라지지 않았을까?

　리더십 전문가인 제임스 쿠제스와 배리 포스너는 그들의 저서 『최고의 리더』에서 리더가 되기를 원한다면 대가를 치러야 한다며 이렇게 말했다.

　"리더는 자신의 성공과 안전 또는 다른 사람들의 더 큰 행복 사이에서 끊임없이 선택을 강요받는다. 희생을 치르지 않고는 결코 위대한 것을 이룰 수 없다. 자신의 욕구 너머에 있는 더 큰 것을 보려는 자세가 있어야 한다. 이기적인 마음가짐으로 리더가 된다면 결국은 실패하고 만다."

　이처럼 리더십은 자기희생이다.

　『논어(論語)』 「이인편(里仁篇)」에 '군자유어의(君子喩於義), 소인유어리(小人喩於利)'라는 말이 있다. "군자는 의(義)에 밝고 소인은 이익(利)에 밝다"는 뜻이다. 군자는 '올바름'을 기준으로 처신하고, 소인은 '이로움'을 기준으로 처신한다는 것이다. 인간관계에서도 마찬가지다. 군자는 정의를 위해서는 목숨마저 아까워하지 않지만, 소인은 이익을 위해서는 목숨을 건 모험도 마다하지 않는다.

또한 「위령공편」에서는 "군자는 작은 일은 알지 못해도 큰 것을 받을 수 있고, 소인은 큰 것을 받을 수 없어도 작은 일은 알 수 있다(君子不可小知而可大受也, 小人不可大受而可小知也)."고 했다. 군자는 작고 세부적인 것은 잘 알지 못한다. 말단지엽적인 사무 같은 일에는 어둡다. 하지만 조직 전체에 영향을 미치는 중대한 사안에 대해서는 누구보다 잘 해낸다. 반면에 소인은 자잘한 일은 잘 해낸다. 그러나 높은 자리나 책임 있는 일을 맡기면 이를 감당해 내지 못하고, 공연히 마찰이나 일으킨다. 작은 이익과 이해에 연연하다가 정작 중요하고 큰일을 그르치면 무슨 이익이 있겠는가.

아프리카 초원에서 무리를 지어 사는 미어캣은 몸무게 1kg의 작고 약한 동물이다. 하지만 맹수들이 득실거리는 환경에 잘 적응해 살아간다. 이들은 주로 땅속의 연한 나무뿌리나 곤충의 애벌레 등을 먹고산다. 문제는 그들이 먹이를 구하기 위해 땅을 파느라고 정신없을 때 천적인 매의 공격에 매우 취약하다는 점이다. 그래서 미어캣은 반드시 주변의 작은 언덕에 2~3마리의 보초병을 세운다.

이 보초병들은 천적인 매의 눈에 가장 잘 뛰는 위치에 있어 매우 위험하다. 이들에게 보초를 서는 것은 죽음을 각오한 행위다. 실제로 이 보초병들의 절반 정도는 매의 공격에 희생을 당한다. 하지만 어느 개체도 이 위험한 임무를 피하지 않는다고 한다. 위험을 무릅쓰고 망을 자주 보는 미어캣은 나중에 무리의 리더로 성장해 가지만 이런 위험을 감수하지 않는 개체는 왕따를 당하거나 심하면 쫓겨나기도 한다.

우리와 유전자 구조가 유사한 고릴라 사회에서도 위험한 상황에서 도망친 수컷은 영원히 우두머리가 될 수 없다고 한다. 무리에서 인정을 하지 않기 때문이다. 동물들도 이기적인 행동이 집단을 위험에 빠뜨린다는 것을 본능적으로 알고 있다는 반증이다.

물론 모든 사람이 남을 배려하고 희생하면서 살기를 바랄 수는 없다. 하지만 조직에서 단 한 사람, 즉 리더만이라도 전체를 위해 행동해야 공동체는 살아남을 수가 있다. 불경에 '자리이타(自利利他)'라는 말이 있다. "다른 사람을 이롭게 하는 것이 곧 자신을 이롭게 한다."는 뜻이다. 타인을 도와주는 행동은 돌고 돌아 다시 자신에게 온다. 세상사 모든 이치가 그러하다. 내가 한 선행이 내 자식과 가족, 친구에게 돌아간다.

　이기적인 리더는 구성원들이나 조직 전체의 이익보다 자신의 이익을 먼저 생각한다. 이런 리더의 최대 관심사는 자신의 승진이나 연봉 등 개인적인 이익이다. 이기적인 리더는 부패와 타락에 빠질 가능성이 높다. 지난날 매관매직을 하거나 백성들을 착취한 사람들도 이러한 유형의 관리들이었다. 이러한 사람을 누가 진정한 리더로 받아들이겠는가. 이기적인 리더는 조직에 암덩어리와 같다. 순식간에 조직 전체가 이기적인 집단으로 변한다. 반면 이기적 본능을 넘어선 리더의 자기희생은 조직의 유지와 발전에 초석이 된다.

4장

사람과 조직을 살리는
인간 중심 리더십

사람과 조직을 살리는 인간 중심 리더십

1
먼저
믿음을 심는다

모든 인간관계의 기초는 신뢰다. 또한 국가나 기업이 유지되고 발전하기 위한 전제도 구성원 간의 신뢰다. 심지어 약육강식이 지배하는 국가 간의 관계에서도 신뢰는 중요하다. 북한이 국제사회에서 고립된 이유는 신뢰를 잃었기 때문이다. 부부나 친구 관계, 기업과 고객, 국민과 지도자 간에도 마찬가지다. 신뢰가 깨지는 순간 모든 것이 무너진다.

『논어(論語)』「안연편(顏淵篇)」에는 자공(子貢)이 스승인 공자에게 정치의 요체를 묻는 장면이 나온다. 이에 대해 공자는 "식량을 풍족하게 하고(足食), 군대를 충분히 하며(足兵), 백성

의 믿음을 얻어야 한다(民信)."고 답한
다. 자공이 "어쩔 수 없이 한 가지를 포
기해야 한다면 무엇을 먼저 포기해야
합니까?"라고 재차 묻자 공자는 군대라
고 답한다.

공자

그러자 자공이 다시 나머지 두 가지
가운데 또 하나를 포기해야 한다면 무
엇을 포기해야 하는지 묻는다. 그러자
공자는 식량을 포기해야 한다고 답한다. 그 이유로 공자는 "예
로부터 사람은 다 죽음을 피할 수 없지만, 백성의 믿음이 없이
는 서지 못하기 때문이다(自古皆有死 民無信不立)."고 강조한다.
한마디로 '무신불립(無信不立)'이라는 것이다.

나라를 유지하기 위해서는 우선 백성들을 먹여 살릴 식량이
있어야 하고, 안전을 지켜줄 군대가 있어야 한다. '신뢰(信賴)'
는 당장 먹을 수도 없고, 적의 공격을 막아주지도 않는 추상적
개념이다. 그럼에도 공자는 식량과 군대보다도 신뢰를 더 높
게 평가했다. 백성의 믿음이 없으면 나라의 존립 자체가 불가
능하다고 보았기 때문이다. 현대적 개념으로 보면 식량은 경

제, 군사는 안보에 해당한다.

경제도 중요하고 안보도 물론 중요하다. 하지만 경제나 안보도 국가와 지도자에 대한 국민의 믿음이 없으면 무의미하다. 국가와 지도자가 자신들의 생명과 재산을 지켜줄 것이라는 믿음이 있을 때 국민들은 기꺼이 희생을 감수한다.

신뢰는 리더십을 발휘하기 위한 기초가 된다. 튼튼한 집을 짓기 위해서는 먼저 튼튼한 주춧돌을 놓아야 하듯이 강한 조직을 만들기 위해서는 먼저 신뢰를 쌓아야 한다. 리더에 대한 구성원의 신뢰 없이는 리더십을 발휘하는 것이 불가능하다.

신뢰는 구성원들이 리더를 믿고 따르고자 하는 마음이 있을 때 형성된다. 신뢰는 어느 한쪽의 믿음만으로는 이루어지지 않는다. 그러기 위해서는 리더가 먼저 부하들을 믿어야 한다. 다소 신뢰감이 떨어지는 부하들도 있을 것이다. 모두가 똑같은 능력과 성품을 가지는 것은 아니기 때문이다.

그럼에도 불구하고 리더라면 부하들을 믿어야 한다. "믿는 도끼에 발등을 찍힌다."는 말도 있으나, 그래도 믿는 편이 낫다. 다소 믿음이 덜 가는 부하라도 상사가 철저히 믿어주면 쉽게 배신하지 못하는 법이다. 부하들을 독립된 인격체로 존중하고 믿어 주면 그들도 믿음으로 보답한다.

미국의 사상가인 에머슨은 이렇게 말했다.

"사람을 신뢰하라. 그러면 그들은 당신에게 충실할 것이다. 사람을 위대한 사람으로 대하라. 그러면 그들은 위대함을 보여줄 것이다."

필자도 군 복무 시 항상 믿음을 실천하려고 노력했다. 부하들을 믿지 못하면 불안해서 정상적인 지휘를 할 수가 없다. 부하들을 믿지 못하면 모든 일을 직접 확인해야 하고, 확인하고 나서도 다시 불안해진다. 모든 일을 리더 혼자 처리하는 것은 절대 불가능하다. 아무리 불신의 벽이 높더라도 인간에 대한 사랑과 믿음을 포기해서는 안 되는 이유가 여기에 있다.

부하들이 리더를 믿는 것은 정말 멋진 일이다. 하지만 그보다 더욱 멋진 일은 리더가 그들을 믿을 때다. 필자가 한 건의 인명손실이나 불미스런 사고 없이 군 생활을 마무리할 수 있었던 것도 이러한 믿음을 실천한 덕분이었다. 믿음을 준 만큼 그들도 믿음으로 보답했기 때문에 가능한 일이었다.

다른 사람을 모두 의심하면서 살아가는 것은 사실 거의 불가능하다. 인간에 대한 믿음 없이는 어떤 것도 시작할 수 없다. 인간에 대한 믿음을 포기하는 순간 조직이나 리더십은 없는 것이다.

삼성그룹의 창업주였던 고 이병철 회장은 항상 '의인불용 용인불의(疑人不用 用人不疑)'를 강조했다. 그는 "의심이 간다면 사람을 쓰지 마라. 의심을 하면서 사람을 부리면 그 사람의 장점을 살릴 수 없다. 사람을 채용할 때는 신중을 기하라. 그리고 일단 채용했으면 대담하게 일을 맡기라."고 강조했다.

신뢰는 개인이 사회에서 살아가는 데에도 없어서는 안 될 필수적인 덕목이다. 공자는 '인이무신, 부지기가야(人而無信, 不知其可也)'라고 하여, "사람이 신뢰가 없다면 그 사람됨을 알 길이 없으니 아무런 쓸모가 없다."고 했다. 덕이 있고 재주가 있어도 신의가 없다면 그 사람이 가지고 있는 지식이나 능력은 물론 어떠한 장점도 발휘될 수 없으니 쓸모가 없다는 것이다.

리더가 구성원들로부터 신뢰를 받지 못하면 그 영향력은 사라질 수밖에 없다. 그런 점에서 보았을 때, 리더십은 '신뢰의 영향력'이라 할 수 있다. 리더가 부하들로부터 신뢰를 받으면 영향력은 유지되고, 신뢰를 잃으면 영향력은 사라진다. 신뢰 받는 리더는 그 존재만으로도 구성원들에게 자기가 속한 조직이 성공할 것이라는 희망을 준다.

그렇다면 신뢰를 얻는 가장 좋은 지름길은 무엇일까? 원칙과 약속을 지키는 것이다. 부하들은 리더가 한 말을 잊지 않고 기억한다. 리더는 여기저기서 많은 말을 하기 때문에 자기가 한 말을 잊어버릴 수 있지만 부하들은 그렇지 않다. 그들은 리더가 언제, 어떤 상황에서, 어떤 말을 했는지 똑똑히 기억하며, 어떻게 실천하고 있는지 지켜본다. 그리고 그들은 리더의 말이 아니라 행동을 보고 판단한다. 그러고 나서 약속을 지키는 사람이라는 믿음이 확고해졌을 때 비로소 신뢰를 하게 된다.

사마천이 지은 『사기(史記)』의 「상군열전(商君列傳)」에 '이목지신(移木之信)'이라는 말이 나온다. 이 말은 남을 속이지 않고 신용을 지키는 것을 비유할 때 자주 쓰인다. 상군은 공손앙을 가리킨다. 그가 진(秦)나라 효공(孝公)을 섬길 때의 일이다. 효공이 나라를 개혁할 새로운 법을 제정하도록 하였다. 이에 상군은 가족법과 토지법, 도량형 통일법 등을 만들어 시행했다. 그러나 많은 사람들이 이 개혁법에 반대하고 잘 따르지 않자 그는 법의 시행을 확실히 알리기 위해 한 가지 방법을 찾아냈다.

하루는 3장(약 9m) 높이의 나무를 남문 저잣거리에 세우고 방을 붙였다.

"이 나무를 북문으로 옮기는 사람에게 10금을 주겠다."

그러나 백성들이 이를 믿지 않고 이상히 여길 뿐 아무도 옮기려 하지 않았다. 그러자 상금을 대폭 올려 "이것을 옮기는 자에게는 50금을 주겠다."고 공표했다. 그래도 많은 사람이 믿지 못하고 그냥 지나쳤다. 마침내 한 사내가 밑져야 본전이라는 심정으로 이 통나무를 옮겼다. 그러자 상군은 즉시 그에게 50금을 주었다. 그리고 새 법령을 이렇게 확고하게 시행할 것이라는 점을 백성들에게 널리 알렸다.

법령이 시행된 지 10년이 지나자 백성들은 매우 만족스러워했고, 길에 물건이 떨어져 있어도 주워가지 않았으며, 산에는 도적이 없었고, 집집마다 풍족하고 사람마다 넉넉하게 되었다. 이 법령은 법치주의를 바탕으로 한 강력한 부국강병책이었다. 훗날 진시황제의 천하 통일 기반은 이때 만들어졌다.

법이나 규칙을 만들고 공표한다고 해서 모두가 따를 것이라고 생각한다면 큰 오산이다. 부하들은 리더가 약속한 것을 곧바로 믿는 것이 아니라 그가 한 약속을 얼마나 성실하게 이행하느냐를 보고 판단한다. 말을 물가까지 데려갈 수는 있어도 강제로 물을 먹일 수 없는 것과 마찬가지로 강제로 믿음을 살 수는 없는 법이다. 리더가 진심을 다하고 약속을 지킬 때 서서히 신뢰의 기초가 쌓인다.

특히 신뢰가 현대에 들어와서 더욱 중요해진 이유는 조직문화의 변화에서 찾을 수 있다. 과거 수직적이고 권위주의적인 리더십 아래에서는 리더가 높은 지위를 이용하여 부하 직원에게 힘과 영향력을 발휘할 수 있었다. 하지만 요즘 젊은이들은 개성이 뚜렷하고 자유롭다. 자기가 하고 싶은 말도 서슴없이 한다. 그들에게 일방적인 지시나 명령은 오히려 역효과를 내기 쉽다. 수평적인 관계로의 전환과 신뢰를 기반으로 해야만 그들에게 제대로 된 리더십을 발휘할 수가 있다.

리더십의 핵심은 부하들의 자발적인 참여를 이끌어 내는 능력에 있다. 리더는 신뢰관계가 형성될 때 부하들의 자발적인 참여를 이끌어 낼 수 있다. 리더에 대한 신뢰가 부족하면 조직에 대한 충성도와 업무에 대한 몰입도가 떨어져 조직의 생산성 저하로 이어질 수밖에 없다. 신뢰에 기초한 조직이 강한 조직이고, 강한 조직이 높은 성과를 낼 수 있다.

부하들은 대개 성품과 업무 능력을 보고 리더를 판단한다. 성품과 능력은 자동차의 두 바퀴와 같아서 하나라도 없으면 부하들을 움직일 수가 없다. 목숨이 오가는 전쟁터에서 지휘관이 좋은 성품만으로 조직과 부하를 이끌 수는 없다. 아무리 성품이 좋아도 능력 없는 지휘관을 믿고 사지로 들어갈 부하는 많지 않다. 성품이 좋다고 실력이 없는 의사에게 자신의 몸을 맡길 수는 없지 않겠는가.

부하들은 리더의 행동이 부하들과 조직 전체를 위한 것인지 본능적으로 안다. 리더가 겉으로는 조직 전체를 위한다고 하면서 사적인 이익을 추구한다면, 신뢰는 깨지게 마련이다. 신뢰를 쌓는 것은 항아리에 한 방울씩 물을 떨어뜨려 채우는 것과 같이 오랜 시간과 지속적인 노력이 필요하다.

하지만 항아리에 가득한 물도 한 번 항아리에 금이 가거나 깨지면 순식간에 쏟아지듯이 한 번의 실수나 잘못만으로도 신뢰는 무너질 수 있다. 신뢰를 만드는 것 못지않게 신뢰를 유지하는 노력을 게을리 해서는 안 되는 이유다. 동서고금을 통해 신뢰는 위대한 리더들의 공통된 요소였다. 신뢰받지 못하는 리더가 어떻게 위대한 업적을 이룩할 수 있겠는가. 신뢰가 없는 사람에게서 훌륭한 리더십을 기대하는 것은 마른 땅에서 물이 솟아나기를 기대하는 것과 같다.

솔선수범하고 요구한다

> 타인에게 영향을 미치는 유일한 방법은
> 리더의 솔선수범이다.
> • 슈바이처 •

제2차 세계대전 승리의 주역으로 탁월한 리더십을 발휘했던 아이젠하워 미국 대통령에게 어느 날 기자들이 리더십의 비결을 물었다. 그러자 아이젠하워는 아무 말 없이 두 뼘 길이쯤 되는 실을 책상 위에 늘여 놓고 뒤에서 밀어보라고 했다. 기자들이 아무리 실을 밀어보려고 하였지만 구부러지기만 할 뿐 앞으로 밀리지 않았다.

그러자 아이젠하워는 실을 자기 앞으로 끌어당겼다. 그것을 보고 사람들이 허탈해하자 그는 이렇게 말했다.

"사람들은 앞에서 끌면서 모범을 보여주지 않으면 안 됩니다. 가축은 뒤에서 몰아도 사람은 언제나 앞에서 인도해야 합니다."

리더가 다른 사람들에게 영향을 주는 유일한 방법은 솔선수범이다. 솔선수범(率先垂範)에서 솔(率)은 이끈다, 선(先)은 먼저, 수(垂)는 드리운다, 범(範)은 모범 또는 기준이라는 뜻이다. 한마디로 '앞서 모범을 보이고, 이끄는 사람이 기준을 세우는 것'을 말한다. 리더가 먼저 모범을 보이지 않으면 아무리 좋은 말을 해도 부하와 조직을 움직일 수 없다.

리더는 관리자이자 부모이며, 교육자다. 옛말에 자식은 부모 앞에서 배우지 않고 부모 뒤에서 배운다고 했다. 부모가 자식을 앉혀 놓고 아무리 좋은 말로 가르친다고 해도 자식은 그 말을 곧이곧대로 듣지 않는다. 부모가 '바담풍' 하면 자식도 '바담풍' 하고, 부모가 '바람풍' 해야 자식도 '바람풍' 하는 것이다.

자녀들에게 공부하라고 강요하는 것보다 부모가 먼저 공부하는 모습을 한 번 보여주는 것이 더 효과가 있다. 아이들에게 TV를 보지 말라고 아무리 큰소리를 친들 부모가 밤늦게까지 TV를 보고 있으면 자녀들이 TV를 멀리할 수 있겠는가. 자식들은 부모를 보면서 자란다. 심지어 집에서 기르는 강아지조차도 주인을 닮는다고 하지 않는가.

군이든 기업이든 모든 조직은 또 다른 가정이다. 윗사람이 먼저 실천하지 않으면서 아랫사람에게 강요하면 앞에서는 흉내를 내지만 뒤에서는 욕하고 저항하기 마련이다. 부하들에게 가장 강력한 명령은 윗사람의 솔선수범이다.

이탈리아의 저명한 신경심리학자인 리촐라티(Giacomo Rizzolatti)는 원숭이에게 다양한 동작을 시키고 관련 뉴런의 움직임을 관찰하였다. 얼마 후 그는 원숭이가 다른 원숭이의 행동을 보기만 해도 자신이 움직일 때와 마찬가지로 신경반응이 일어난다는 것을 알아냈다. 그는 직접 행동을 하지 않고 다른 원숭이의 행동을 보는 것만으로도 마치 거울처럼 신경세포가 반응한다고 하여 이를 '거울 뉴런(Mirror neuron)이라고 명명했다. 거울뉴런은 상대방을 관찰하면서도 자신이 행동하는 것처럼 느끼게 한다. 드라마를 볼 때 자신이 주인공이 된 것처럼 눈물을 흘리거나 다른 사람의 좋은 소식을 듣고 행복한 감정을 느끼는 것도 바로 거울뉴런 때문이다.

원숭이의 거울뉴런은 주로 운동을 담당하고 있는 뇌에서 나타나기 때문에 단순한 행동을 모방하는 것은 가능하지만 고

차원의 행동은 모방하기 어렵다고 한다. 반면 인간은 뇌의 다양한 부분에서 거울뉴런이 작용하여 자신이 직접 체험하지 않은 것들에 대해서도 '간접 체험'을 통해 모방하고 습득할 수 있다고 한다. 아기들이 부모나 주변의 행동을 따라 하는 모방 행위도 이러한 신경세포의 작용 때문이다.

이와 같이 인간은 자기도 모르게 타인의 행동을 따라 하고 모방한다. 더구나 그 대상이 자신에게 큰 영향을 미치는 부모나 리더라면 이러한 모방 행동은 더욱 강화된다. 부하들도 그들이 인식하든 못 하든 리더를 보고 배운다. 사람은 좋은 것을 보면 따라 하고 싶은 마음이 생기게 마련이다. 수백 년 전에 사망한 역사적인 인물도 본받고 싶은 것이 인간인데, 현재 자신의 모든 것에 영향을 미치는 사람이라면 당연하지 않겠는가.

『논어』에 '기신정 불령이행(其身正 不令而行), 기신부정 수령부종(其身不正 雖令不從)'이란 말이 있다. "윗사람의 몸가짐이 바르면 명령하지 않아도 백성은 행하고, 그 몸가짐이 바르지 못하면 명령해도 백성은 따르지 않는다."는 뜻이다. 어느 날 자로가 공자에게 정치에 대해 묻자, 공자가 말하기를 "먼저 수

고로이 일해야 한다."고 했다. 한 번 더 청하자 "그것을 게을리 하지 말라."고 했다(子路問政. 子曰, 先之. 勞之. 請益. 曰, 無倦). 지도자가 먼저 나서서 힘든 일을 하고, 그것을 게을리 하지 말라는 것이다. 참으로 쉽다. 너무 단순하지만, 이 이상의 통치술도 리더십도 없다.

리더는 조직에서 가장 주목받는 존재로 '어항 속의 물고기'와 같다. 어항 속의 물고기는 숨을 곳이 없다. 구성원들은 그가 누구와 어디서 무슨 말을 했는지, 무엇을 입고, 무엇을 먹

는지, 누구와 더 가까운지 등 모든 것에 관심을 갖고 있다. 한 마디로 리더의 모든 언행은 부하들의 레이더망에 걸린다. 리더는 자신의 상사는 속일 수 있어도 부하는 속일 수 없다. 상사의 눈과 귀는 2개뿐이지만, 부하들의 눈과 귀는 무수히 많기 때문이다.

중국의 춘추시대 때 제나라 영공(靈公)은 궁중의 여인들에게 남장(男裝)을 시켜놓고 감상하는 별난 취미를 가지고 있었다. 이러한 취미는 곧 백성들 사이에서도 유행하여 남장한 여인이 날로 늘어났다. 그러자 영공은 재상인 안영(晏子)에게 '궁 밖에서 남장하는 여인들을 처벌하라.'는 금령을 내리게 했다. 그러나 그 유행은 좀처럼 수그러들지 않았다. 영공이 안영에게 그 까닭을 묻자 안영은 이렇게 대답했다.

"전하께서는 궁중의 여인들에게는 남장을 허용하시면서 궁 밖의 여인들에게는 금령(禁令)을 내렸습니다. 하오면 이는 '밖에는 양 머리를 걸어 놓고 안에서는 개고기를 파는 것(羊頭狗肉)'과 같습니다. 이제라도 궁중의 여인들에게 남장을 금하십시오. 그러면 궁 밖의 여인들도 감히 남장을 하지 못할 것입니다."

영공은 안영의 조언에 따라 즉시 궁중의 여인들에게 남장 금지령을 내렸다. 그러자 그 이튿날부터 제나라에서는 남장한 여인을 찾아볼 수 없게 되었다.

누구나 좋은 말을 하고 좋은 제도를 만들 수는 있다. 문제는 그것이 얼마나 실천되느냐이다. 리더가 먼저 행동으로 보이면 굳이 명령하거나 통제하지 않아도 물 흐르듯이 자연스럽게 질서가 잡히게 마련이다. 리더의 모든 행동은 조직을 이끄는 행동 강령이자 역할 모델이며 실천 지표가 된다. 그리고 부하들이 얼마나 헌신적이고 얼마나 노력해야 하는지 등을 판단하는 데는 리더의 행동이 기준이 된다. 리더의 언어, 행동, 생각, 열정 등 모든 것이 부하들의 행동에 영향을 미치는 것이다.

육군에서 초급장교를 양성하는 보병학교의 구호는 '나를 따르라'이다. 적의 포탄이 쏟아지는 생사의 현장에서 리더인 지휘자가 먼저 앞장서지 않는다면 누가 나서겠는가. 과거 중동전에서 이스라엘군 초급장교들의 사망률이 아랍 초급 장교들에 비해 훨씬 높았다고 한다. 그 이유는 그들이 죽음을 무릅쓰고 앞장서서 전투에 임했기 때문이다. 리더가 앞장서는데 병사들이 뒤로 물러설 수 있겠는가. 병력이나 전력이 상대적으로 열세인 이스라엘이 중동전에서 승승장구할 수 있었던 비결은 우수한 장비가 아니라 일선 지휘관들의 솔선수범이었던 것이다.

부하들의 의욕을 깨우고 역량을 높여 조직목표를 달성하는 것은 리더의 최대 사명이다. 그러기 위해서는 그들의 마음을 움직여야 하고, 리더가 먼저 모범을 보여야 한다. 슈바이처의 말대로 솔선수범은 부하들에게 영향을 미치는 유일한 방법이기 때문이다.

3

배려로
마음의 문을 연다

지도자의 따뜻한 배려는 따뜻한 봄바람과 같다.
따뜻한 바람이 불어오면 풀들은 그 바람에 고개를 숙일 것이다.
• 공자 •

전라남도 구례에는 '운조루(雲鳥樓)'라는 고택이 있다. 이 집은 조선 영조 때(1776년) 낙안군수였던 유이주가 지었다. '운조루'라는 택호는 '구름 속의 새처럼 숨어 사는 집'이란 뜻으로, 우리나라에 얼마 남지 않은 고가(古家) 중에서도 건물 재료나 집안의 생활용품 등이 그대로 보존되어 있어 그 역사적 가치를 높게 평가받고 있다.

그런데 운조루가 더 유명해진 것은 이러한 외부적인 것보다는 '운조루의 뒤주' 때문이다. 원통형 뒤주 아래에는 '타인능해(他人能解)'라고 적혀 있는데, 누구나 뒤주를 열 수 있다는 뜻이다. 운조루의 주인인 유이주는 배고픈 사람은 누구든 뒤주를 열어서 쌀을 퍼가도록 했다. 항상 뒤주에 쌀이 떨어지지 않도록 했고, 한 달이 지나도 쌀이 비워지지 않으면 며느리에게 호통을 쳤다고 한다. 유이주는 뒤주를 주인이 보지 못하는 안방과 사랑방 사이에 두어, 쌀을 가져가는 사람들이 부담을 느끼지 않도록 세심하게 배려했다고 한다.

운조루의 또 다른 특징은 굴뚝을 낮게 만들었다는 점이다. 이는 밥 짓는 연기가 밖에서 보이지 않도록 하기 위해서였다. 먹을 것이 없어 밥을 지을 수 없는 가난한 백성들을 배려했던 것이다. 한국 현대사에서 지리산 일대는 빨치산의 활동으로 인해 한국전쟁 전후 부자들의 피해가 가장 심했던 지역 중 하나였다. 이 지역에서 일어났던 '동학혁명'이나 6·25전쟁의 전화 속에서도 운조루가 조금도 피해를 입지 않은 것은 유이주와 그 후손들이 백성들에게 베푼 따뜻한 배려를 사람들이 잊지 않았기 때문이다. 이와 같이 배려는 세월과 전쟁도 이겨내는 힘이 있다.

'배려(配慮)'의 사전적 의미는 '도와주거나 보살펴 주려고 마음을 쓰는 것'이다. 그러나 상대방의 입장을 고려하지 않는 일방적인 배려는 진정한 배려라고 할 수 없다. 진정한 배려는 상대방의 특성과 감정을 이해하고 그들의 입장에서 도와주고 보살펴 주는 것이다.

현대와 같이 스피드와 효율성, 성과를 강조하다 보면 자칫 사람에 대한 배려가 부족할 수 있다. 이러한 조직일수록 인간적인 친밀감과 따뜻한 배려가 더욱 필요하다. 나그네의 외투를 벗기는 것이 비바람이 아니라 따스한 봄바람이듯 사람의 마음을 여는 것도 강제력이 아니라 따뜻한 배려다. 리더의 따뜻한 배려가 스며들면 살아 있는 조직, 즉 신바람 나는 일터가 된다.

개인기, 외모, 카리스마, 유행어가 없는 '4무(無) 예능인', 스캔들과 안티팬이 없는 연예인, 대한민국에서 연예대상을 가장 많이 수상한 연예인, 이쯤이면 누구 얘기인지 짐작할 것이다. '국민 MC' 유재석을 설명하는 단어들이다. 그는 강호동과 같은 카리스마도 없고, 신동엽과 같은 재기도 부족하다(이 부분에 대해서는 사람마다 평가가 다를 수 있다). 이러한 유재석이 어떻게 대한민국에서 가장 성공한 엔터테이너, 국민들이 가장 좋아하는 연예인이 될 수 있었을까.

유재석을 이야기할 때 가장 먼저 연상되는 말이 '매너'와 '겸손' 그리고 '배려'다. 그는 진행하는 프로그램에서 유명인이건 아니건 모든 출연자를 공평하게 대하고 모두에게 기회를 주기 위해 노력한다. 보통 예능 초보자의 경우에는 말할 기회조차 찾기가 쉽지 않은데, 이럴 때 유재석은 질문이나 적당한 상황을 만들어 초보자에게 말할 기회를 반드시 제공해준다. 유재석은 결코 혼자만 스포트라이트를 받으려 하지 않는다. 그는 출연자 모두가 주인공이 되고 빛나는 주연이 되게 하는 재주를 지녔다.

리더의 유형은 사실 매우 다양하다. 자신이 앞장서서 끌고 나가는 카리스마형 리더도 있고, 구성원들을 지원하여 성과를 내도록 하는 지원형 리더도 있다. 유재석은 자신이 앞장설 필요가 없을 때는 뒤로 물러나 멤버들을 지원해주는 역할을 하다가도, 필요할 때는 전면에 나서서 적극적인 리더십을 발휘한다. 유재석이 국민 MC로 승승장구하고 모든 국민들로부터 사랑받은 이유는 무한한 배려와 군림하기보다는 섬기고 봉사하는 자세 때문이다.

일반적으로 배려를 잘하는 조직일수록 우수한 인재가 모여

들어 좋은 조직이 된다. 요즘 기업에서 주창하는 '고객 만족 경영'도 고객에 대한 배려에서 시작된다. 기업이 먼저 고객을 배려하면 고객은 기업과 기업의 제품에 대한 사랑으로 보답한다. 좋은 기업일수록 직원과 고객에 대한 배려심이 강하다.

한미글로벌의 김종훈 회장은 『우리는 천국으로 출근한다』에서 '천국 같은 직장'이라는 비전을 다음과 같이 제시했다.

"창립 초기에는 구성원들이 출근하고 싶어 안달하고 휴가 가서도 동료가 보고 싶어 빨리 돌아오고 싶은 직장을 만들고 싶었다. 나는 고객과 주주에 앞서 '구성원 중심'의 철학을 견지해왔고, 회사의 이익에 앞서 구성원의 이익을 우선하는 정책을 운영의 기틀로 삼았다. 2000년대 초에 좋은 기업, 즉 즐겁고 행복한 일터 만들기 운동인 'GWP(Great Work Place)'라는 개념을 알게 된 후 혼신을 다하여 회사를 즐겁고 행복한 일터로 만들기 위해 노력했다. 그 활동의 최종 목표는 항상 '꿈의 직장 구현'과 '직장인의 천국'을 만드는 것이었다."

이어서 그는 일하기 좋은 일터의 조건을 이렇게 말했다.

"일하기 좋은 훌륭한 일터의 가장 중요한 조건은 배려하는 마음이라고 생각합니다. 구성원끼리 서로 배려하는 것은 물론입니다. 거기에 앞서 회사가 구성원을 배려해야 합니다."

김 회장은 직원들을 행복하게 만들기 위해 갖은 노력을 다했다. 종업원 지주제가 좋은 사례다. 사람의 진면목은 어려울 때 나타나기 마련이다. 사실 회사가 질병 등 직원들이 어려움에 처했을 때 돌보는 것은 쉬운 일이 아니다. 그러나 이 회사는 직원이 암이나 기타 질병으로 부득이하게 현직을 떠나야 할 경우, 질병을 극복하고 회사에 복귀할 수 있도록 지원해주고 기다려준다. 진정한 배려의 리더십을 보여준 예라 하겠다. 이러한 다양한 노력을 인정받아 한미글로벌은 2009년 당시 보건복지가족부로부터 '가족친화 우수기업'으로 선정되기도 했다.

미국의 남성 의류업체 맨스웨어하우스의 CEO인 조지 짐머도 '직원 최우선'의 경영철학을 실천한 배려의 리더다. 성숙기로 접어든 미국의 의류소매업은 1990년대 이후 메이저급의 남성 의류 소매업체들이 다수 도태되면서 새로운 경쟁구도를 형성했다. 멘스웨어하우스사는 이와 같이 어려운 상황에서도 1990년대 이후 연평균 17%의 매출 성장을 달성하면서 업계 정상의 자리를 굳건히 유지했다.

조지 짐머는 레드오션인 남성 의류 사업에서 성공비결을 '의류(Clothing)가 아닌, 직원(People)의 경쟁력'이라고 단언했다. 그는 회사가 지향하는 가치와 문화에 적합한 인재를 채용하고 내부 육성을 통해 높은 수준의 서비스 차별화 전략을 추구함으로써 업계를 선도했다. 또한 실수를 용인하는 조직문화를 구축해 임직원 간에 신뢰를 높이고, 개인 성과보다는 팀워크를 중시하는 평가와 보상제도를 도입했다. 이러한 직원 위주의 경영으로 2000년 이후 〈포춘〉이 선정하는 '일하기 좋은 100대 기업'에 9차례나 선정되기도 했다.

배려 없는 조직은 메마른 사막과 같다. 리더가 아무리 똑똑하고 능력이 있다 해도 배려심이 없다면 부하들은 진심으로 충성하지 않는다. 사랑과 배려가 없는 상사는 한겨울의 찬바람과 같아서 앞에서는 숙이고 복종하지만 마음속으로는 강한 반감을 가진다.

배려는 전염성이 강하다. 상급자로부터 배려를 받은 부하는 그 배려를 자기 아랫사람에게 되돌려 준다. 그리고 아랫사람을 배려하면 그 이상의 충성심으로 되돌아온다. 리더십의 본질은 사람의 마음을 움직이는 것이다. 배려는 닫힌 마음의 문을 열고 움직이게 만드는 열쇠이다. 부하들에 대한 진심어린 관심과 배려는 조직을 움직이는 가장 강력한 힘이며, 위대한 리더십의 밑바탕이 된다.

소통으로
조직의 혈류를 뚫는다

소통에서 가장 중요한 것은
상대방이 말하지 않는 것을 듣는 것이다.
• 루소 •

우리 일상은 소통으로 시작해 소통으로 끝난다. 누군가와 소통하지 않고는 하루도 생존이 불가능하다. 사회가 복잡하고 다원화될수록 소통은 더욱 필요하다. 하지만 여러 가지 첨단 기기의 발달로 소통 수단은 다양해지고 편리해졌으나, 어느 곳에서도 소통이 만족스럽게 이루어지고 있다는 얘기는 듣지 못했다. 더 많은 소통만 강조되고 있을 뿐이다.

원시시대에 사냥은 부족의 생존과 직결된 일이었다. 그 당시의 사냥 방식은 건장한 남자들이 사냥감을 포위하여 화살이나 몽둥이로 때려잡는 현재의 토끼몰이 방식과 크게 다르지 않았을 것이다. 사냥은 참가한 사람들 간의 협력이 무엇보다 중요하다. 여기서 누구 한 사람이라도 잘못된 판단으로 포위망이 뚫리면 사냥은 실패할 수밖에 없다. 이때 소통은 협력을 위한 중요한 수단이 된다.

한 연구 조사에 따르면, 항공 사고 원인의 50%는 소통의 문제로 발생한다고 한다. 기장과 부기장, 항공기와 관제탑 간의 소통 문제로 인한 사고가 절반이나 된다는 것이다. 오늘날에도 소통은 성과와 효율성 차원을 넘어 조직의 생존과 직결되는 중요한 문제이다.

현대의 리더십에서는 구성원들과의 소통능력을 가장 중요한 요소로 꼽고 있다. 국내 한 언론사가 '10년 뒤 한국을 빛낼

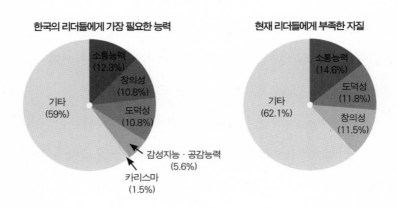

100인'을 대상으로 조사한 결과, '한국의 리더들에게 가장 필요한 능력은 소통능력(12.3%)'이라고 답했다. 이어서 창의성(10.8%)과 도덕성(10.8%), 감성지능·공감능력(5.6%) 순으로 조사되었다. 카리스마가 바람직한 리더의 자질이라는 응답은 1.5%에 그쳤다. 반면, 현재 리더들에게 부족한 자질로는 소통능력(14.6%), 도덕성(11.8%), 창의성(11.5%)이 많이 지적됐다. 이는 개인의 능력이 아무리 뛰어나도 타인과의 상호작용이 원활하지 않으면 훌륭한 리더가 되기 어렵다는 얘기다.

일본에서 경영의 신으로 추앙받는 마쓰시다 고노스케(1894~1989)는 경영에서 소통의 중요성에 대해 다음과 같이 말했다.

"기업경영의 과거형은 관리이다. 경영의 현재형은 소통이다. 경영의 미래형 역시 소통이다. 기업 문제의 70%는 의사소통의 장애로 야기된다."

오늘날 기업에서 소통과 공감은 생산성은 물론 조직원의 행복지수에도 큰 영향을 미친다. 현대 경영의 구루인 피터 드러커도 기업에서 발생하는 문제의 60%가 잘못된 커뮤니케이션에서 비롯된다고 했다. 커뮤니케이션 능력은 경영자의 필수적인 자질로서, 원활한 소통을 위해서는 체계적인 노력이 필요하다. 동서양의 전문가 모두가 소통이 현대 경영의 핵심요소라고 판단하고 있다는 점이 매우 흥미롭다.

역사적으로 보았을 때에도 동서고금을 막론하고 위대한 리더들은 모두 위대한 소통자였다. 우리 역사상 최고의 성군으로 추앙받는 세종대왕도 소통과 포용의 리더였다. 태종의 셋째 아들로 태어난 세종은 장자승계의 구조에서는 결코 왕이 될 수 없는 위치에 있었다. 세종은 즉위 전, 세자였던 양녕대군의 폐위로 갑작스럽게 세자로 책봉되었다가 2년 만인 22세에 왕이 되었다. 세종은 자신이 군왕이 될 준비가 부족하다고 생각하고 항상 겸손한 자세로 끊임없이 신하들과 백성들에게 물었으며, 좋은 건의는 정책으로 만들어 시행했다.

세종대왕

세종의 위대한 점은 자신의 잘못이 있으면 인정하고 신하들의 조언을 기꺼이 받아들였다는 점이다. 그 과정에서 신하들이 다소 무례하고 과격한 건의를 해도 세종은 너그러이 용서했다.

세종은 한문을 모르는 백성들과 직접 소통하기 위한 목적에서 훈민정음도 창제했다. 당대의 학자들은 대부분 훈민정음 창제에 반대했다. 그 이유는 첫째, 오랫동안 한문을 사용해왔기에 한글을 만들어 가르칠 이유가 없다는 것이었다. 둘째, 모든 백성들에게 교육의 기회를 제공하는 것은 가능하지도 않고 필요하지도 않다는 것이었다. 이미 전국에 한문을 아는 유생들이 있으므로 일반 백성들은 그들을 본받으면 된다고 생각했던 것이다.

그러나 세종의 생각은 달랐다. 백성들을 제대로 가르치고, 백성들과 직접 소통하기 위해서는 그들이 쉽게 사용할 수 있는 문자가 있어야 한다고 생각했다. 그래야 백성들이 진정으로 무엇을 원하는지 알 수 있고, 그들의 어려움을 해결해 줄 수 있었기 때문이다. 이러한 점에서 세종은 당시의 고루한 성리학자들과는 달리 열린 사고를 가진 리더였다. 세종은 포용과 소통의 리더십을 통해 훈민정음의 창제, 각종 제도의 정비, 과학기술의 발전 등과 같은 위대한 업적을 남길 수 있었다.

우리 사회는 유교의 장유유서(長幼有序) 관념이 강하다. 이 때문에 상명하달식 소통에 길들여져 있다. 철학자 강신주는

"기본적으로 소통은 윗사람이 낮은 자리로 내려와 자신을 비우고 상대를 있는 그대로 인정할 때 가능하다."고 했다. 아랫사람은 윗사람의 마음을 잘 알지만, 윗사람은 아랫사람의 마음을 잘 알지 못한다. 소통의 달인으로 평가받는 소설가 이외수도 "소통의 최대 장애물은 상명하달식 소통"이라며 "소통의 완성은 오고가는 것에 그치지 않고, 그것을 통하여 아름다운 변화가 생겨나야 하며 궁극적으로 삶의 질을 변화시키는 것"이라 주장하고, "감성을 바탕으로 서로를 이해하고 배려하는 양방향 소통이야말로 우리가 추구해야 할 가치이자 방법론"이라고 강조했다.

그렇다면 원활한 소통을 하려면 리더는 어떻게 해야 할까?

첫째, 신뢰받는 사람이 되어야 한다. 믿음이 없는 상황에서 대화는 무의미한 말잔치에 불과하다. 소통은 말이 아니라 뜨거운 가슴과 가슴이 만나는 것이다. 리더들은 회의와 대화를 많이 하면 소통이 됐다고 생각하는 경향이 있다. 하지만 결코 그렇지 않다. 서로 가슴을 열고 마음과 마음이 오가야 진정한 소통이 된다.

둘째, 리더 스스로 최고라는 착각에서 벗어나야 한다. 기업이든 군이든 리더가 되면 자기가 최고라고 생각하기 쉽다. 이러한 리더들은 말을 독점하고 일방적이며, 부하들을 무시하는 경향이 있다. 이러한 조직에서는 회의를 윗사람이 주도하고 부하들은 상사의 의도를 파악하기에 바쁘다. 특히 군과 같이 상명하복 문화가 뚜렷한 조직에서는 하급자가 자기의 의견을 마음대로 얘기하기가 어렵다. 그래서 대부분 윗사람의 의도와 기분에 맞추어 적당한 선에서 대화를 한다.

그러나 이러한 분위기가 지속되면 직원들은 침묵하게 되고 자연히 정보의 흐름이 차단되어 소통은 요원해진다. 이를 개선하기 위해서는 부하들이 자유롭게 얘기할 수 있는 분위기를 만들어야 하며, 귀에 거슬리는 말이 나오더라도 끝까지 들으려는 자세가 무엇보다 필요하다.

셋째, 서로가 다름을 인정해야 한다. 사람은 모두가 제각기 하나의 우주다. 사람마다 살아온 경험과 가치관, 사회적 여건과 위치가 다르기 때문에 같은 말이라도 서로 다르게 인식할 수 있다. 사람은 자기가 듣고 싶은 것만 듣고, 보고 싶은 것만 본다. 역지사지의 자세로 상대가 무엇을 바라고, 무엇을 힘들어 하는지, 무엇을 요구하는지 알려고 노력해야 한다. 서로가 다르다고 배척하면 소통은 불가능하다.

『동의보감(東醫寶鑑)』에 '통즉불통(通則不痛), 불통즉통(不通則痛)'이라는 말이 있다. "통하면 아프지 않고, 통하지 않으면 아프다."는 뜻이다. 몸에 피가 원활하게 흐르면 건강하고 막히면 문제가 생기게 마련이다. 사람과의 관계도 서로 통하지 않으면 문제가 생긴다. 우리는 흔히 타인에 대한 선호도를 표현할 때 '말이 통하는 사람'과 '말이 통하지 않는 사람'으로 구분한다. 말이 통하는 상대라야 편안함을 느끼고, 소통과 공감이 일어난다.

소통은 리더가 아랫사람을 존중할 때 가능하다. 리더가 낮은 자리로 내려와 구성원들과 눈높이를 같이 할 때 비로소 상대가 보이고, 진정한 대화가 가능하다. 소통은 혈관에 흐르는 피와 같다. 막히면 조직은 괴사하고 만다.

5
경청으로
상대의 마음을 얻는다

리더의 귀에는
반드시 사람들의 목소리가 들려야 한다.
• 우드로 윌슨 •

'이청득심(以聽得心)'이라는 말이 있다. "귀 기울여 들음으로써 마음을 얻는다."는 뜻이다. 성인(聖人)이라는 말에도 귀 이(耳)자가 들어 있다. 과거에도 성인은 말을 잘하는 사람이 아니라 잘 듣는 사람이었다.

그뿐만이 아니다. 미래학자인 톰 피터스(Tom Peters)는 "20세기가 말하는 자의 시대였다면, 21세기는 경청의 시대가 될 것"이라고 말했다. 리더십 연구의 대가인 존 맥스웰도 "훌륭한 리더란 자기를 따르는 사람들에게 자기가 듣고 싶은 것이 아닌, 자신이 알아야 할 것을 말할 수 있도록 격려하는 사람"

이라고 강조했다.

당 태종

중국 역사상 가장 위대한 군주 중 한 명으로 칭송받는 당 태종 이세민(李世民, 599~649)이 어느 날 신하인 위징(580~643)에게 어떻게 하면 명군이 되고, 혼군이 되는가를 물었다. 그러자 위징은 한마디로 "겸청즉명(兼聽則明), 편신즉암(偏信則暗)"이라고 말했다. "두루 들으면 명군이 되고, 한쪽 면만 들으면 어리석은 군주가 된다."는 뜻이다.

원래 위징은 당 고조 이연(李淵, 566~635)의 태자인 건성의 참모였다. 당 태종이 현무문(玄武門)의 난을 일으켜 태자였던 형 건성(建成)과 동생 원길(元吉)을 죽이고 황위에 올랐을 때 위징도 사로잡혀 죽임을 당할 처지였다. 하지만 태종은 그의 뛰어난 인물됨을 알아보고 언관에 임명했다. 태종은 "위징은 나의 뜻에 반하여 직설적으로 간하여 내가 잘못된 일을 하지 못하도록 하기 때문에 그를 중용한 것"이라며 위징이 병을 이유로 사직을 요청했을 때에도 다음의 말로 만류하며 끝까지 자신의 곁에 두었다.

"황금이 광석일 때 거기서 어떻게 귀함을 볼 수가 있겠는가? 유능한 장인이 단련하고 가공해야만 보석이 되지 않는가. 나는 단련이 되지 않은 광석이며 그대는 유능한 장인인데 어찌 떠나려고 하는가?"

대부분의 리더는 자신의 잘못을 지적하는 충언을 싫어하고 칭찬이나 아첨하는 말을 좋아한다. 아첨임을 알면서도 그것을 물리치지 못하는 것이다. 하물며 스스로 천명을 받았다고 생각하는 황제가 자신의 잘못을 지적하는 신하의 충언을 쉽게 받아들일 수 있겠는가. 즉위 초기에 몇 번은 몰라도 집권 기간 내내 초심을 지키기는 쉽지 않다. 그럼에도 위징은 죽을 때까지 당 태종에게 직언을 했으며, 당 태종은 위징의 충언을 받아들이고 고쳐 나감으로써 천하의 명군이 될 수 있었다.

비판이나 충언은 귀에 거슬리지만 비판만큼 문제를 잘 드러내는 것도 없다. 사람을 이끄는 지도자는 귀에 거슬리는 비판을 용인할 정도의 도량과 자신감이 있어야 한다. 자신에게 유리하거나 좋은 말만 들으면 정확한 판단을 하기가 어렵다. 부하들의 의견이나 현장의 목소리를 가감 없이 들어야 조직에 무슨 문제가 있는지, 어떻게 대처해야 하는지 알 수 있다. 또한 잘 들어야 여러 사람의 지혜를 모으고 현명해질 수 있다.

사람은 자리가 높아질수록 듣기보다는 말하기를 좋아하고 귀에 거슬리는 말보다는 듣기 좋은 말만 들으려 한다. 윗사람이 들을 귀가 없으면 아무도 진실을 말하지 않는다. 훌륭한 리더는 말을 앞세우지 않고 경청한다. 사실 소통의 문제도 경청으로 해결이 가능하다.

가정에서 부모의 중요한 역할은 먹여주고 재워주는 것 못지않게 들어주는 것이다. 어려움을 들어주고 공감해 주어야 자녀들은 정상적으로 성장할 수가 있다. 불만을 들어주고 공감해 주면 대부분 자녀들의 불만은 사라진다. 고아들의 가장 큰 고통은 먹고 자는 문제뿐 아니라 자신의 어려움과 불만을 들어주고 공감해 줄 사람이 없다는 데 있다. 기업이나 조직도 하나의 가정이라고 가정했을 때 불만을 들어줄 사람이 없다면 구성원들은 고아와 같은 존재가 된다.

삼성그룹 창업자인 고 이병철 회장가의 가훈은 '경청(傾聽)'이다. 이 회장은 항상 "내 생각을 말하기 전에 남의 말을 먼저 들으라."고 강조했다. 그는 자신의 생각을 말하기 전에 먼저 많은 사람들의 의견을 경청하고 존중했다. 그 영향을 받은 이건희 회장도 문제가 생기면 직접 나서서 진두지휘하기보다는 전문가와 현장 책임자의 말에 귀를 기울임으로써 문제를 해결했다. 삼성의 성공신화는 경청으로부터 시작되었다고 해도 결코 과언이 아니다.

　흑인 최초로 미국 합장의장을 역임했으며, 조지 부시(2세) 행정부 시절 초대 국무장관을 지낸 콜린 파월도 경청의 리더였다. 그는 "부하들이 더 이상 문제를 제기하지 않을 때 리더의 생명은 끝난 것"이라고 단언했다. 부하들이 문제를 제기하지 않는 것은 문제를 제기해도 리더가 들어줄 귀가 없거나 들어준다 해도 개선할 의지와 능력이 없다고 판단했기 때문이라는 것이다. 많은 리더들은 부하들이 아무런 건의를 하지 않으면 모든 것이 문제없이 잘 돌아가고 있다고 착각한다. 파월은 차라리 조직을 시끄럽게 하라고 조언한다.

콜린 파월

파월의 집무실에는 항상 무릎이 맞닿을 정도로 조그만 원형 탁자가 놓여 있었다. 자신을 방문한 다른 사람들과 대화할 때 큰 업무용 책상에서 내려와 동등한 입장에서 얘기하기 위해서였다. 또한 그의 집무실에는 자신만 받을 수 있는 직통전화를 설치했는데, 현장의 목소리를 가감 없이 듣기 위해서였다고 한다. 이처럼 그는 공식적인 보고서에 만족하지 않고 현장의 목소리를 듣기 위해 부단한 노력을 기울였다.

한 번은 취임 후 얼마 지나지 않아 합참에 근무하는 장교 중에서 계급이 가장 낮은 대위를 의장실로 불러 합참의 중대한 정책에 대해 논쟁을 벌였다. 그러자 그 대위는 자기가 합참의장과 직접 격론을 벌인 것을 자랑스럽게 떠들고 다녔으며, 이러한 소문은 곧 합참 전체로 퍼져 나갔다. 이는 파월이 의도한 것이었다. 합장의 다른 장교들은 파월이 계급이 가장 낮은 대위와도 기탄없이 얘기할 수 있는 사람이라면 자신들도 당연히 그렇게 할 수 있다고 생각했고, 조직은 그 어느 때보다도 활성화되었다.

오프라 윈프리는 흑인이라는 불리한 처지를 극복하고 미국에서 가장 성공한 방송 진행자다. 그녀는 1983년 시카고에서 시청률이 낮은 30분짜리 아침 토크쇼인 에이엠 시카고(AM Chicago)의 진행자가 된 지 한 달 만에 그 프로그램을 시카고에서 가장 인기 있는 토크쇼로 만들었고, 그 후 전국적으로 방영되는 〈오프라 윈프리 쇼〉의 진행자가 되었다. 그녀의 성공 비결은 말을 잘하는 것이 아니라 잘 듣는 것이었다. 그녀는 출연자와 대화할 때 허리를 구부려 온몸으로 경청한 것으로 유명하다. 토크쇼에 출연자들은 모두 그녀 앞에서 즐겁게 얘기했고, 시청자들은 여기에 열광했다. 그녀는 경청을 통해 모든 것을 배우고 흡수했으며 토크쇼의 여왕이 되었다.

세계적인 성공학의 대가인 스티븐 코비(Stephen R. Covey)는 『성공하는 사람들의 7가지 습관』에서 성공하는 사람과 그렇지 못한 사람의 대화 습관에는 뚜렷한 차이가 있는데, 그것이 바로 '경청하는 습관'이라고 했다. 경청 중에서 최고의 단계를 공감적 경청이라고 한다. '공감적 경청'이란 상대가 말하는 내용뿐만 아니라 내면에 숨겨진 의미까지 이해하려고 노력하는 것이다.

경청을 통해 얻을 수 있는 이점은 매우 다양하다. 우선 진지하게 들어주는 것만으로도 상대방에게 신뢰감을 줄 수 있다.

타인의 이야기를 진지하게 들으려면 상대를 믿고 존중하는 마음이 있어야 한다. 상대를 믿지 못하면 결코 진지하게 들을 수 없다.

또한 경청은 상대방에 대한 존중과 배려의 표시로 인식된다. 누군가 내 이야기에 관심을 기울이면 존중받고 있다는 느낌을 받는다. 이를 통해 경청은 상대를 기분 좋게 한다. 자신의 말을 잘 들어주는 사람을 싫어할 사람은 아무도 없다. 경청의 습관은 성공하는 리더의 공통된 특징이며, 최고의 리더가 되는 지름길이다.

그런데 이렇게 중요한 공감적 경청이 안 되는 이유는 무엇일까? 첫째는 상대가 이야기할 때 자신이 할 이야기를 생각하고 있기 때문이다. 즉, 자기가 말할 순서를 기다리면서 귀로는 상대방의 말을 듣고, 머릿속으로는 다른 생각을 하는 것이다. 둘째는 상대의 이야기를 내 경험에 비추어 평가하고 나의 기준으로 판단하기 때문이다. 상대의 말을 자신의 입장에서 해석하면서 듣는 것이다.

우리는 듣는 것보다 말을 잘하는 것이 어렵다고 생각하며, 그것을 더 중요하게 생각한다. 그래서 웅변 학원은 있어도 경청 학원은 없다. 말 잘하는 사람이 똑똑하고 그런 사람이 성공한다고 믿기 때문이다. 그렇다면 정말로 말을 잘하는 사람이 성공할까? 어느 정도는 맞다. 하지만 말을 잘하기 위해서는 먼저 상대의 말을 잘 들어야 한다. 말을 잘한다는 것은 무조건 내뱉는 것이 아니라 상대방과 공감하는 것이다.

영업 달인이라 불리는 사람들은 대부분 스피치의 달인이 아니라 경청의 달인이라고 한다. 사람들은 말을 잘하는 사람보다 잘 들어 주는 사람을 좋아한다. 설득도 경청으로부터 시작된다. 고객의 불만을 들어주기만 해도 문제의 90%가 해결된다는 연구 결과도 있다. 이러한 점에서 우리는 말하는 법을 먼저 배울 것이 아니라 듣는 법을 먼저 배워야 한다.

일찍이 장자(莊子)는 '청무성(聽無聲)'을 외쳤다. 무성을 들으라니 이게 무슨 말일까. 귀에 들리는 유성(有聲)은 누구나 들을 줄 안다. 무성을 들으려면 마음의 귀, 영혼의 귀가 필요하다. 양심의 소리, 영혼의 소리, 진리의 소리, 역사의 소리는 모두 무성으로 소리 없는 소리다. 소리 없는 소리는 깊은 소리요, 참된 소리다. 리더라면 가슴을 열고 이러한 무성의 소리를 들을 줄 알아야 한다. 상대방이 말하지 않는 것까지 듣는 것, 그

것이 청무성이고 경청이다.

판소리에 귀명창이라는 말이 있다. 귀명창이 있어야 소리명창이 나올 수 있다. 진정으로 들어줄 사람이 없으면 무슨 신명으로 노래를 하겠는가. 리더는 모든 사람이 신명이 나도록 하는 치어리더다. 그러려면 명창보다 귀명창이 되어야 하지 않을까?

6

전적으로
믿고 맡긴다

> 누군가를 신뢰하면,
> 그들도 너를 진심으로 대할 것이다.
> • 랄프 왈도 에머슨 •

미드웨이 해전(1942.6.5.)은 제2차 세계대전에서 미국이 일본으로부터 태평양의 제해권을 되찾는 데 결정적인 역할을 한 전쟁으로 역사에 기록되고 있다. 당시 미드웨이 해전을 승리로 이끈 인물은 바다의 사나이로 이름을 날리던 태평양함대의 16기동대 사령관 레이먼드 A. 스프루언스 제독이었다. 미드웨이 섬은 하와이에서 서쪽으로 1,400킬로미터 정도 떨어져 있는 여의도 정도 크기에 불과한 모래섬이었지만 중요한 전략적 가치를 지닌 섬이었다. 이 섬을 일본이 차지하면 일본 항공기가 미국 본토를 폭격할 수 있는 항속거리 내에 들어가기 때문이었다.

　한편 1942년 4월, 하와이 주둔 미국 해군 정보부의 암호 해독반은 일본군의 무전내용을 해독하여 일본군의 다음 공격 목표가 미드웨이 섬이라는 것을 알아냈다. 일본의 공격 목표는 알아냈지만 당시 태평양 사령관이었던 니미츠 제독으로서는 객관적인 전력의 열세를 어떻게 극복할 것인지가 고민이었다. 전체 함정 숫자에서 3:1로 열세였던 미군이 선택할 수 있는 방법은 미드웨이로 접근하는 일본군 함대를 먼저 찾아내 함재기로 기습하는 것뿐이었다.

　미일 양국의 정찰기들이 적의 함대를 먼저 찾기 위해 상호 간에 필사적인 노력을 기울이고 있을 때 미군 정찰기들이 일본 함대의 접근을 먼저 포착했다. 스프루언스 제독은 시간을 절약하기 위해 편대도 편성하지 않고 준비된 비행기부터 즉시 출격시켜 일본 함대를 공격하도록 명령하고 공격 권한을 편대장들에게 위임했다.

　마침 일본 함대에서는 폭탄을 어뢰로 바꾸는 작업을 진행하고 있었고, 불과 5분 정도면 모두 마칠 수 있는 상태였다. 그러한 상황에서 미군 비행기들의 공격을 받은 일본 함대는 힘 한

번 제대로 써보지 못하고 침몰했다. 결국 이 5분이 태평양전쟁의 승패를 갈라놓았던 것이다.

이렇게 즉각적인 대응이 가능했던 것은 당시 태평양 사령관이었던 니미츠 제독이 평소 부하들에게 권한을 위임하고 그들의 재량권을 폭넓게 인정했기 때문이다. 또한 스프루언스 제독도 부하들을 믿고 권한을 과감히 위임하는 유형의 지휘관이었다. 이러한 지휘관들의 믿음에 부하들은 충성으로 보답했다. 결과적으로 평상시 부하들에 대한 믿음과 권한의 위임이 전쟁의 승패를 결정했다고 해도 과언이 아니었다.

한 연구에 따르면, 한 사람이 직접 접촉하면서 관리할 수 있는 인원은 적게는 3~5명에서 많게는 10명 내외라고 한다. 군대의 가장 말단 조직인 분대가 10명 내외로 편성된 것도 이 때문이다. 또한 소대는 3~4개의 분대로, 중대는 3~4개의 소대로, 연대는 3~4개의 대대로 편성되며, 사단은 3~4개 연대로 편성되어 있다. 작전상의 이유도 있지만 인간의 관리 능력을 고려한 편성이라고 할 수 있다.

이러한 인간의 능력을 고려할 때 조직 운영에 있어서 적절한 권한 위임은 매우 중요하다. 현대의 기업 경영에서 권한 위임의 중요성은 날로 커지고 있다. 리더가 모든 것을 결정하고 실행하기보다는 부하 직원들에게 권한을 적절하게 위임했을 때, 조직 전체의 성과를 높일 수 있기 때문이다.

피터 드러커는 권한 위임을 "단순히 어떤 일을 떼내 다른 사람에게 맡기는 것이 아니라, 진정 자신의 일을 하기 위한 것"이라고 말했다. 권한 위임을 해야 리더는 본연의 임무에 충실할 수 있고, 직원들 역시 자신이 맡은 일을 보다 잘 수행할 수 있다. 부하를 믿고 적절하게 권한을 위임함으로써 부하들의 적극적인 팔로워십을 이끌어 내는 것이 훌륭한 리더다.

스티브 잡스가 만든 픽사(Pixar)는 미국에서 가장 창의적인

픽사 애니메이션 캐릭터

기업으로 평가받고 있다. 이 회사는 〈토이스토리〉, 〈몬스터 주식회사〉, 〈라따뚜이〉 등 출시하는 작품마다 큰 성공을 거두었다. 이러한 픽사의 성공비결은 무엇일까? 기술과 예술의 조화, 집단 창의력과 함께 권한의 위임도 중요한 요인으로 지적되고 있다.

픽사는 현장 실무자들에게 최대한 권한을 위임한다. 특히 팀장급에게는 작품 아이디어, 인원, 예산 통제 등 영화 제작에 관한 전권이 주어진다. 이러한 권한을 가진 팀장은 최선을 다하지 않을 수 없다. 팀장 선에서 해결하지 못하는 문제는 회사 차원의 아이디어위원회에서 토론을 통해 해결책을 모색한다. 하지만 아이디어위원회의 의견은 강제성을 띠지 않는다. 제안을 받아들일 것인지 말 것인지는 전적으로 팀장이 결정한다. 이러한 환경 때문에 픽사는 창의적이고 뛰어난 작품을 연속으로 탄생시킬 수 있었던 것이다.

인간은 스스로 결정한 일에 대해 더 큰 책임을 느끼며 최선을 다하는 경향이 있다. 지나친 통제는 인간의 자율성을 떨어뜨린다. 특히 잠재력이나 창의성이 뛰어난 인재일수록 통제를 싫어하며 자신의 존재가치를 인정받는 환경에서 일하고 싶어 한다. 사람은 자신의 존재가치를 자율성을 보장받을 때 확인한다. 따라서 핵심적이고 중요한 일은 리더 자신이 처리해야 하겠지만, 그 외의 일에 대해서는 적임자를 찾아 과감히 맡겨야 한다.

그렇다면 권한 위임이 이렇게 중요한데도 왜 리더들은 이를 두려워하는 것일까?

첫째, 부하들의 능력을 믿지 못하기 때문이다. 일반적으로 리더들은 부하들보다 경험이나 정보가 많고 역량도 뛰어나다. 그렇기 때문에 부하 직원들에게 전적으로 일을 맡기면 제대로 처리하지 못할 것이라고 생각한다. 하지만 리더의 역량이 아무리 뛰어나도 현장에서 일어나는 모든 일을 직접 처리할 수는 없다.

권한 위임이 성공하기 위해서는 불신의 벽을 넘어서야 한다. 권한을 위임하거나 일을 맡겼다가 기대만큼 성과가 나오지 않으면 리더는 '내가 직접 할걸' 하고 후회한다. 이를 예방하기 위해서는 위임하기 전에 부하들의 개인 역량과 장단점을 정확히 파악하고 위임의 한계를 정할 필요가 있다.

또한 리더는 부하들의 작은 실수 정도는 눈감아 주는 아량을 지녀야 한다. 처음부터 리더의 눈높이에 맞는 완벽한 일처리를 기대하는 것은 무리다. 작은 실수를 통해 더 크게 성장하도록 해야 한다. 리더는 지속적인 코칭과 피드백을 통해 부하들의 역량을 개발시켜 줌으로써 조직의 역량을 키워야 한다.

둘째, 통제력 약화에 대한 불안 때문이다. 권한을 넘겨주면 자신의 권한이 줄어들고 부하들을 통제할 수 없을 것이라는 두려움이 권한 위임을 주저하게 만드는 것이다. 삼성경제연구소의 예지은 연구원은 "리더들이 권한 위임을 어려워하는 이유는 권한을 넘겨주면 자신의 입지가 좁아지지 않을까 하는 불안감 때문"이라고 보았다.

그러나 권한 위임은 권한을 나누는 것이 아니라 확대하는 것으로 이해해야 한다. 권한 위임은 한 사람의 권한이 늘어나는 만큼 다른 사람의 권한은 줄어드는 제로섬(zero-sum)게임이 아니다. 리더십 전문가인 존 맥스웰은 이런 현상을 '권한 위임의 역설'이라고 칭했다. 권한을 위임받은 부하 직원이 높은 역량을 발휘해 팀의 성과가 높아지면 그에게 권한을 위임한 리더의 영향력도 커진다는 것이다.

리더는 조직의 성공을 통해 평가받는다. 부하들을 지원하고 배려함으로써 그들이 최대의 성과를 냈을 때 조직이 발전하며, 이러한 결과가 리더의 성과로 재평가된다. 혼자 모든 일을 하는 것은 부하들의 발전을 막고 조직 전체의 효율성을 떨어뜨리는 행위이다. 리더가 예하 조직에서 일어나는 모든 일에 관여하면, 조직의 자율성과 창의성이 줄어들고 현장에서 대응 능력이 떨어질 뿐만 아니라 정작 리더 본연의 업무를 소홀히 하기 쉽다. 또한 자율성이 없는 조직은 급변하는 환경에 적응하기가 어렵다. 이러한 조직은 실패할 수밖에 없다. 이것이 21세기 들어 공산독재국가들이 줄줄이 해체된 이유다.

보스턴 필하모닉 지휘자인 벤 젠더는 "오케스트라 지휘자는 정작 아무 소리도 내지 않으면서 팀원들이 얼마나 소리를 잘 내는가에 따라 능력을 평가받는다."고 했다. 피아노 소리가 이상하다고 직접 피아노를 쳐서는 결코 훌륭한 지휘자가 될 수 없다. 기업이나 군과 같은 조직의 리더도 마찬가지다. 부하들이 일을 제대로 못한다고 리더가 모두 다 할 수는 없다.

훌륭한 리더는 권한 위임을 통해 부하 직원들의 역량을 키우고 주도적으로 일하도록 만드는 리더다. 적절한 권한 위임은 리더와 부하와 조직을 모두 성공의 길로 이끈다. 따라서 권

한 위임은 선택사항이 아니라 의무이며, 리더의 중요한 자질
이라 할 수 있다.

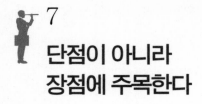

7
단점이 아니라
장점에 주목한다

사람이란 제각기 장점과 단점이 있다.
사람을 쓰는 데 한 사람이 모든 것을 다 갖추고 있기를 바라서는 안 된다.
• 『논어(論語)』 •

세상에는 두 종류의 인간이 있다. 긍정적인 사람과 부정적인 사람이 그것이다. 긍정적인 사람은 매사를 좋은 쪽으로 생각한다. 이런 사람은 어떤 어려움을 만나도 좌절하지 않는다. 반면 부정적인 사람은 매사를 나쁜 쪽으로 생각한다. 이런 사람들은 좋은 것에서도 나쁜 점을 찾아낸다. 사람을 보는 방식도 마찬가지다. 사람을 어떻게 보는가 하는 문제는 리더에게 매우 중요하다.

많은 사람들이 사물이나 상대방의 장점보다는 단점을 먼저 본다. 아마도 오랜 진화과정에서 생존을 위한 방어본능 때문일 것이다. 하지만 이는 대인관계나 사회생활에서 좋은 습관이 아니다. 매번 상대방의 단점만 본다면 관계를 지속하기가 어렵다. 아무리 부족한 사람이라도 나름대로의 소질과 재능을 가지고 태어난다. 약점만 갖고 있는 사람도 없고 강점만 갖고 있는 사람도 없다. 어느 분야에서 약점이 있다는 것은 다른 분야에 강점이 있을 수 있다는 뜻이다. 약점으로 보이는 것이 때로는 강점이 될 수 있고, 강점으로 보이는 것들도 상황이 바뀌면 약점이 될 수 있다.

사람의 단점을 먼저 보는 리더는 그 단점을 보완해주려고 노력하는 부분도 있겠지만 그 사람의 장점을 잘 보지 못한다. 단점에 집중하면 장점도 사라지거나 평균적인 인간이 되기 쉽다.

만약 천재 물리학자인 아인슈타인(1879~1955)이 다른 분야에 미흡하다고 해서 그 분야를 보완하는 데 노력했다면, 세계적인 물리학자가 될 수 있었을까. 그랬다면 과학에 대한 천재성도 사라지고 평범한 사람이 되었을 가능성이 높다. 이처럼 리더의 가장 중요한 임무 중 하나는 부하들의 장점과 재능을 알아보고 적재적소에 활용하는 것이다.

2015년까지 테니스 역사상 통산 64회 우승, 메이저 대회 14회 우승, 프랑스 오픈 9회 우승을 기록하며 클레이코트의 황제로 불린 이가 있다. 스페인 스포츠 역사상 최고의 테니스 선수인 라파엘 나달이 그 주인공이다. 얼핏 보기에 나달은 남자 테니스 선수로는 약점이 많은 선수였다. 백핸드를 잘하지 못할 뿐만 아니라 발이 빠르지도 않았고, 남자 테니스의 전매특허인 강력한 스매싱도 없었다.

 이러한 나달이 약점이라고는 전혀 찾아볼 수 없을 것 같은 스위스 출신의 테니스 황제 로저 페더러를 물리치고 세계 챔피언이 되었다. 그는 포핸드 하나로 세계를 정복했다. 나달이 14세 때 주니어 선수로서 두각을 나타내자 스페인 테니스협

라파엘 나달

회는 전폭 지원을 약속하고 바로셀로나의 테니스 아카데미에 입교를 권유했다.

그러나 당시 삼촌이자 코치였던 토니 나달은 테니스 아카데미에 들어가지 않기로 결정했다. 테니스 아카데미에 들어가면 나달은 약점인 백핸드를 보완하기 위해 집중 훈련을 할 것이고, 그렇게 되면 최대 강점인 포핸드를 살리지 못할 것이라 우려했기 때문이다. "약점을 보완하면 평균이 되지만 강점을 강화하면 자신감과 독창성이 생긴다."고 생각한 것이다. 그런 판단에 따라 나달은 강점인 포핸드를 더욱 강화하는 방향으로 훈련을 집중했다. 결과적으로 나달은 세계를 제패하고, 스페인 역사상 가장 위대한 테니스 선수가 되었다.

사람은 모두가 자기만의 특기와 장점이 있다. 아무리 훌륭한 선수라도 약점은 있다. 이승엽이나 박병호와 같은 홈런 타자에게 도루까지 잘하라고 요구해서는 안 된다. 반면 발이 빠르고 수비를 잘하는 정근우 같은 선수에게 홈런까지 많이 치라고 하면 되겠는가. 메시나 호날두 같은 뛰어난 공격수에게 수비까지 잘하라고 하면 그들의 공격력은 어떻게 되겠는가. 모든 분야에 만능인 선수나 직원은 없다. 다만 적합한 자리에 있는가에 따라 능력을 발휘하기도 하고 못 하기도 하는 것이다.

'야신'(야구의 신이라는 뜻)이라 불리며 50년간 야구 감독을 하고 있는 한국 프로야구의 살아 있는 전설 김성근 감독은 『리더는 사람을 버리지 않는다』에서 다음과 같이 말했다.

"나는 1%라도 가능성이 보이면 포기하지 않는다. 선수들 자신도 깨닫지 못하고 있는 숨은 재능을 알아보고 그 능력을 키워주는 것이 코치와 감독의 임무다."

그는 선수들마다 모두 장단점이 있기 때문에 그 장점을 최대한 키워주면 훌륭한 야구선수가 될 수 있다고 믿었다. 그리고 선수들의 다양성을 존중해 특성에 맞게 훈련을 시켰다. 그 결과 그에 의해서 발굴된 김광현 같은 무명 선수는 우리나라 프로야구를 대표하는 훌륭한 선수가 되어 김성근 감독의 리더십에 화답했다. 모든 조건이 완벽하게 갖춰진 상황에서 감독을 한다면 더없이 좋겠지만, 그런 경우는 거의 없다. 부족한 상황에서 주어진 여건을 최대한 활용하여 최선을 다하는 것이 리더다.

필자는 30여 년 전 강원도 화천에서 군 생활을 시작했다. 지금은 도로가 잘 포장되어 있어 서울에서 그리 멀지 않게 느껴지지만, 30년 전 화천은 말 그대로 오지 중의 오지였다. '땅 천 평, 하늘 천 평'이라는 별명처럼 온통 크고 작은 산으로 둘러싸여 보이는 것이라고는 하늘과 땅뿐이었다.

당시 화천은 지역적으로 어떠한 장점도 찾아보기가 힘든 곳이었다. 교통은 불편하고 땅도 넓지 않아 농사짓기도 어려웠고, 혹독한 겨울이 가장 먼저 찾아올 뿐만 아니라 문화생활은 꿈도 꿀 수 없었다. 시장에라도 가려면 몇 시간을 걸려 화천읍까지 나와야만 했다. 읍이라고 해도 서울의 조그마한 달동네 크기에 불과해서 걸어서 십 분이면 모두 구경할 수 있을 정도였다.

그러나 최근 들어 이러한 화천의 이미지는 크게 바뀌었다. 많은 사람들이 화천은 몰라도 세계적인 겨울 축제인 '산천어 축제'는 들어봤을 것이다. 그것이 어떻게 가능했을까? 화천군은 지역의 단점을 새로운 관점에서 재정의했다. 교통이 불편하고 오지라는 점을 자연이 오염되지 않은 청정의 이미지로 바꿔 생각한 것이다. 그리고 일급수인 깨끗한 물을 이용하여 수달의 고장이라는 이미지를 만들고, 수달 박물관도 만들었다. 수달은 깨끗한 물이 있는 곳이면 어디든 서식하지만 화천군이 수달의 이미지를 독점해버렸다.

또한 혹독한 추위를 활용하여 겨울 레포츠인 '산천어 축제'를 만들었다. 사실 산천어는 그곳에 살지도 않는 물고기다. 그래서 인공으로 양식해 축제가 시작되기 몇 달 전에 방류하여 자연 상태와 유사하게 만들었다. 발상을 전환하니 약점이 오히려 강점이 된 것이다.

일본에서 경영의 신으로 추앙받는 마쓰시다 고노스케는 어렸을 때 부모를 잃고 가난하여 초등학교도 제대로 다니지 못했다. 그래서 그는 세상에서 만나는 모든 사람들을 자신의 스승이라고 생각하고 배우려고 노력했으며, 경영자로서 부하의 장점과 훌륭한 점을 찾아내려고 했다. 그는 "부하의 장점과 훌륭한 점을 충분히 알고 있는가. 부하가 100명이 있다면 나의 훌륭함은 101번째라고 생각하는 리더가 참된 리더"라고 말했다. 세상의 어떤 미물도 반드시 필요한 곳이 있으며 목적 없이 만들어지지 않았다. 사람은 누구나 그만이 할 수 있는 사명이 있다.

고려대 환경생태공학부 강병화 교수는 17년간 전국을 돌며 야생풀 100과 4,000여 종의 씨앗을 채집한 후 종자은행을 건

립하면서 다음과 같은 말을 남겼다.

"엄밀한 의미에서 잡초는 없습니다. 밀밭에 벼가 나면 잡초고, 보리밭에 밀이 나면 또한 잡초입니다. 상황에 따라 잡초가 되는 것이지요. 산삼도 원래 잡초였을 겁니다. 사람도 같습니다. 꼭 필요한 곳, 있어야 할 곳에 있으면 산삼보다 귀하고, 뻗어야 할 자리가 아닌데 다리 뻗고 뭉개면 잡초가 됩니다. 산삼이라도 잡초가 될 수 있고, 이름 없는 들풀도 귀하게 쓰일 수 있습니다. 현재 자기가 있는 자리가 가장 좋은 자리라 생각하고 감사한 마음으로 선한 영향력을 끼치며 살아가는 사람은 복 있는 사람입니다."

사람도 있어야 할 곳에 있으면 소중한 사람이 되고, 있어야 할 자리에 있지 않으면 잡초처럼 발길에 차이게 된다. 세상에 잡초는 없다. 사람에게 장단점의 합(合)의 평균은 누구나 비슷하다고 한다. 단점이 많으면 장점도 그만큼 많다는 얘기다. 부하의 장점을 보아야 하는 이유가 바로 여기에 있다.

아무리 우수한 인재라도 장점과 단점을 갖고 있다. 여러 방면에서 다른 사람보다 조금 나을 수는 있으나, 모든 분야에 탁월한 인재는 없다. 하나를 잘하면 다른 분야는 떨어지는 것이 당연하다. 모두가 부족한 인간일 뿐, 누구도 예외일 수 없다. 그가 가진 장점을 잘 활용하면 인재가 되고, 단점만 부각되면 쓸모없는 사람이 되고 만다.

부하의 장점을 보려면 사람에 대한 믿음이 있어야 한다. 리더의 입장에서 부하를 보면 뭔가 부족하고 미흡하게 보이는 것이 당연하다. 리더는 부하보다 경험과 지식과 정보 등 모든 면에서 앞서 있기 때문이다. 그 수준에서 부하를 바라보면 단점과 약점만 보기 쉽다. 개구리가 올챙이 시절을 잊어버리는 것과 같다.

그럴 때는 과거로 돌아가 자신을 되돌아봐야 한다. 리더 자신도 현재의 위치에 오르기 전까지 수많은 시행착오를 거쳤을 것이다. 그렇게 바라보면 현재의 부하들이 자신의 과거보다 못하지 않음을 알게 된다.

또한 리더라면 '부하가 무엇을 할 수 없는가'가 아니라 '무엇을 할 수 있는가'를 물어야 한다. 김성근 감독의 말처럼 어떠한 리더도 본인이 원하는 인재만을 선택해서 경기에 임할 수는 없다. 리더의 임무는 부하들이 가진 장점과 특기를 파악하여 적절한 자리에 배치하는 것이다. 다양한 인재를 모으고 그들이 최대의 역량을 발휘하도록 만드는 것, 그것이 리더의 역할인 것이다.

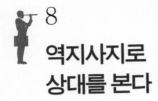

8
역지사지로
상대를 본다

신이여 내가 상대방의 모카신을 신고 1마일을 걷기 전에는
상대방을 판단하지 않도록 지켜 주소서!
• 아메리카 인디언 부족의 기도문 •

　필자가 군 생활 동안 소중하게 간직했던 말 가운데 하나로
'역지사지(易地思之)'가 있다. 역지사지는 말 그대로 처지를 바
꿔 생각함으로써 상대방을 이해하는(解) 것이다. 상대를 이해
하려면 상대와 같은 자리로 내려와야 한다. 영어 단어 '언더스
탠드(understand)'도 '상대의 아래에 선다'는 뜻이다. 역지사
지는 열린 마음과 소통 의지, 타인에 대한 존중과 배려가 있을
때 가능하다.

　심리학자들에 따르면 타인의 관점에서 세상을 보는 능력은
만 4세가 되면 생겨난다고 한다. 문제는 이러한 능력이 성인이

되어도 크게 나아지지 않는다는 데 있다. 자신이 할 수 있으면 다른 사람도 당연히 할 수 있을 거라고 생각하고, 자신의 입장과 다르면 틀린 것으로 생각한다. 지위가 높아질수록, 나이가 들수록 남의 입장에서 생각하는 능력은 떨어진다.

우리 속담에 "개구리 올챙이 시절 모른다."는 말도 사실은 자기중심적인 사고를 비판한 것이다. 많은 리더들이 자신은 올챙이 시절이 없었거나 있었다 해도 처음부터 수영을 잘하는 올챙이였던 것으로 착각한다. 그러한 상사의 모습을 볼 때마다 '나는 그 위치에 가면 절대로 그러지 않을 것'이라고 다짐을 했다. 하지만 자신이 막상 높은 지위에 오르면 자신이 욕했던 상사와 똑같이 행동하는 사람들이 많다. 시집살이를 심하게 당한 며느리가 시어머니가 되었을 때 더 심하게 시집살이를 시킨다는 말처럼 자기가 당한 것을 고스란히 되돌려 주는 것이다.

리더가 되면 자신이 팔로워였을 때 느꼈던 불합리한 일들을 되풀이하지 말아야 한다. 예를 들어 불필요한 회의, 일방적 지시, 인격을 무시하는 행위 등 많은 것이 있을 것이다. 이를 반복하는 것은 역사를 거꾸로 돌리는 일이다. '역지사지'의 사고는 세상을 지혜롭게 살아가는 기본 원리다. 대인관계에서 꼭 필요한 '공감능력'도 입장과 처지를 바꿔서 생각할 때 생겨난다.

앨빈 토플러 이후 가장 유명한 미래학자로 불리는 다니엘 핑크는 역지사지 능력을 훌륭한 리더의 조건이라고 보았다. 『새로운 미래가 온다』에서 그는 미래 인재의 여섯 가지 조건 중 하나로 '공감능력'을 꼽았다. 공감이란 상대의 입장에서 그 사람의 눈으로 보고, 그 사람의 감정을 느끼는 능력을 말한다. 한마디로 다른 사람의 시선으로 세상을 경험하는 일인 것이다.

이명우 한양대 교수는 『적의 칼로 싸워라』에서 고객, 특히 외국 바이어와 소통을 하기 위해서는 역지사지의 사고가 필요하다며 이렇게 강조했다.

"첫째, 상대가 누구인가를 알고 고객의 눈높이에 맞춰 고객의 언어로 얘기할 수 있어야 한다. 그러기 위해서는 그들의 문화와 기호에도 관심을 가져야 한다. 둘째, 상대방의 말을 경청하고 그들의 주파수에 맞추어야 한다. 진정한 소통은 고객의 눈높이에 맞추고, 고객의 입장에서 생각하는 데서 출발해야 한다."

아주대 주철환 교수는 세월호 사고를 비롯해 세계 곳곳에서 일어나고 있는 각종 사건과 사고의 원인을 '소통의 위기, 진정한 리더의 부재' 때문이라고 진단했다. 그는 특히 진정한 리더의 부재를 잘못된 캐스팅의 비극으로 진단하고 그 해법을 세종의 설득, 통찰, 역지사지의 리더십에서 찾아야 한다고 강조했다.

그에 따르면 한글은 '세종대왕 리더십의 끝'이고 역지사지에서 비롯된 선물이다. 세종은 항상 '내가 백성이라면'을 생각했으며, 훈민정음을 만든 배경은 백성의 아픔을 보듬기 위해서였다. 백성을 생각하는 마음은 사회의 최하층 계급이었던 노비들에게까지 미쳤다.

어느 날 세종은 관청에 속한 여자 노비들이 아이를 낳다가 사망하는 일이 많다는 보고를 받고 그 연유를 알아보게 했다. 당시 여자 노비들은 애를 낳으면 7일간의 출산휴가를 받았는데 출산에 임박해서 아이를 낳으러 가다가 여자 노비들이 사망하는 일이 많았다. 그러자 세종은 여자 노비의 출산 휴가를 130일로 늘리고 30일은 출산 전에 사용할 수 있도록 했다.

그로부터 4년 후 다시 조사해 보니 여전히 여자 노비의 사망률이 높았다. 그 이유는 당시 여자 노비는 돌보아 줄 사람이 아무도 없는 경우가 많았기 때문이었다. 세종은 이를 파악하고 나서 남편에게도 한 달간의 출산휴가를 주어 '부부가 서로 구원할 수 있게 하라'고 지시했다. 이는 현대의 복지제도와 비교해도 결코 뒤지지 않는 복지와 인권 존중의 사례로서, 세종대왕이 얼마나 백성들의 입장을 생각했는지 보여주는 사례다.

또한 세계 해전사에 빛나는 불패의 명장 이순신 장군도 역지사지의 리더였다. 그는 전쟁이라는 어려운 상황에서도 항상 백성들과 부하들의 입장을 먼저 생각했다. 그리고 바다와 적에 대해서도 끊임없이 알려고 노력했다. 바다의 물길과 지형은 물론 적의 강점과 약점을 알아야 제대로 된 대응 전략을 수립할 수 있었기 때문이다. 그는 조선 수군이 패하면 끝이라는 절박함 때문에 적을 파악하는 데 더욱 집중했으며, 만반의 준비를 하고 승리를 확신할 때만 움직였다. 이순신은 역지사지의 전략으로 불패의 신화를 만들었으며, 풍전등화의 위기에서 조선을 구했다. 이렇게 상대의 입장에서 보는 역지사지 능력은 큰 힘을 발휘한다.

호주의 척박한 사막지대에 사는 원주민들은 옛날부터 독특한 방식으로 사냥을 해왔다. 브롤가(brolga)라는 토종 두루미를 사냥하는 방식도 그중 하나이다. 원주민들은 두루미를 잡기 위해 활이나 창, 올가미 사용법을 먼저 가르치는 것이 아니라 어려서부터 두루미를 관찰하고 두루미의 행동을 그대로 따라하는 '흉내 내기'를 가르친다. 두루미를 잡기 위한 가장 좋은 방법은 철저하게 두루미의 입장이 되어 보아야 하는 것임을 알고 있었던 것이다. 역지사지의 지혜가 호주 원주민들의 생존 원리였던 것이다.

김경재 한신대 명예교수는 생존을 넘어 "역지사지는 놀랍고 신비한 인간다움의 특징"이라고 규정했다. 그는 "역지사지 능력이 곧 휴머니즘의 본질이다. 고등동물에게서 우리는 감정의 교류 같은 것을 감지할 수 있다. 그러나 아예 입장을 바꾸어서 상대편의 자리와 처지에서 생각하고 느끼고 행동한다는 것은 인격적 성숙 단계가 아니면 불가능하다. 역지사지의 능력은 학력이 높거나, 사회적 신분이 높거나, 교육자나 종교인이라고 해서 당연하게 가능한 인간 능력이 아니다."라고 강조했다.

사람은 누구나 기본적으로 자기중심적이다. 이러한 자기 위주의 사고는 상대방이나 사물을 객관적으로 볼 수 없게 만든다. 특히 리더가 이러한 사고의 덫을 벗어나지 못하면 그 조직은 매우 위험해진다. 상황을 제대로 보지 못하거나 왜곡해 판단을 그르칠 수 있기 때문이다. 따라서 리더는 거울 앞에서 항상 자신을 되돌아보고 역지사지의 입장에서 사람과 상황을 판단하는 습관을 가져야 한다.

역지사지 능력은 곧 그 사람의 품격과 그 사회의 격을 결정한다. 역지사지는 상대방에 대한 관심과 배려다. 상대에 대한 애정이 없다면 어떻게 상대방의 입장이 될 수 있겠는가. 부하들에 대한 따뜻한 마음이 있을 때 그들의 입장을 헤아리려고 하고, 고객을 위하는 마음이 있을 때 고객의 입장이 될 수 있다.

역지사지는 자신을 되돌아보고 숙고하는 방법이기도 하다. 상대방의 입장이 되어 문제를 바라볼 줄 알아야 성숙한 인간이고 성숙한 인간만이 진정한 리더가 될 수 있다. 역지사지의 사고는 인간관계나 리더십 그리고 소통의 문제를 해결하는 지름길이다.

9

부하를
리더로 키운다

위대한 리더는
위대한 스승이 되어야 한다.
• 노엘 티치 •

이제 막 입사한 신입 사원들은 다이아몬드 원석에 가깝다.
잘 다듬어 주어야 진짜 보석이 된다. 그들을 어떻게 연마할 것
인가는 리더의 몫이다. 이왕이면 빛나는 보석을 만들어야 하
지 않겠는가. 스포츠의 세계에서도 유망주를 뽑아 실전에 투
입하기까지 적어도 1~2년 동안은 후보군에 넣어 집중 훈련을
시킨다. 팀의 미래가 이들에게 달려 있기 때문이다. 아무리 시
간과 노력이 들어간다 해도 유망주에 대한 투자와 육성을 소
홀히 해서는 안 되는 이유가 여기에 있다.

세계적인 경영컨설팅 회사인 맥킨지(Mckinsey)는 5년간의

연구를 통해 '인재가 경쟁우위의 필수적인 원천'이라는 결론을 내리고, 이른바 '인재 전쟁'(the war for talent)이라는 용어를 만들어 냈다. 이 연구에서 한 가지 흥미로운 점은 많은 기업들이 인재의 중요성에 대해 동의하고 있지만, 실제로 '인재 육성'에 우선순위를 두고 실천하고 있는 기업은 약 25%에 불과하다는 점이다. 경영자들이 '사람이 최고의 자산'이라고 인식하고는 있으나 실제로 인재 육성에는 소홀하다는 방증이다.

국내 한 대기업 사장도 임원 워크숍에서 인재 육성의 중요성에 대해 다음과 같이 말했다.

"입사 시에는 아주 우수한 사람들이 들어옵니다. 그러나 시간이 지나도 실력은 답보상태입니다. 우리가 부하들을 온실 속 화초로 키우고 있기 때문입니다. 이에 대한 책임은 전적으로 우리에게 있습니다. 이제 이런 것은 과감히 바꿔야 합니다. 리더가 시간이 없다는 이유로 너무나 빨리 부하들에게 답을 주어서는 안 됩니다. 답을 스스로 얻도록 도와주어야 합니다. 능력을 키우지 못한 부하들을 보고 한참 지난 뒤에 화부터 내서는 곤란합니다. 이렇게 만든 장본인은 바로 리더 자신입니다."

군이나 공무원 또는 기업 등 모든 조직에서는 좋은 인재를 뽑기 위해 부단히 노력하고 있다. 그런데 이상한 것은 막상 뽑아놓은 인재를 활용하고 육성하는 데는 소홀하거나 소극적인 경우가 많다는 것이다. 훌륭한 사람을 뽑았으니 가만 놔두어도 인재가 될 거라고 생각하고 있는지도 모르겠다. 당장 할 일이 많은데 언제 사람을 키워 활용하겠는가 하는 회의적인 생각도 물론 있을 것이다.

하지만 당장의 성과만을 생각하는 조직은 미래가 없다. 비록 지금 당장은 약간의 손실이 있더라도 조직에 더 큰 이익을 가져다주는 일이라면 그 길을 선택해야 한다. 미래에 대한 투자 없이는 지속적인 성장이 불가능하기 때문이다.

고 호암(湖巖)이병철 삼성그룹 회장은 창업 초기부터 '사람'이 사업을 좌우한다고 확신하고 기업 규모를 키워나가면서 '인재 제일'의 경영이념을 실천해나갔다. 그는 한 언론과의 인터뷰에서 자신의 경영철학을 다음과 같이 피력했다.

"내 일생을 통하여 80%는 인재를 모으고 교육시키는 데 시간을 보냈다. 1년의 계(計)는 곡물을 심는 데 있고, 10년의 계는 나무를 심는 데 있으며, 100년의 계는 사람을 심는 데 있다."

그는 평생은 성실한 사람을 뽑기 위해 노력했고 성실한 사람으로 키워내기 위해 직원들의 교육을 특히 강조했다. 호암의 사람에 대한 철학은 '특출한 사람보다는 성실한 사람'이었다. 그에 대해 호암은 다음과 같이 말했다.

"아무리 유능한 사원을 채용해도 입사 후에 지도가 나쁘면 소용이 없다. 가지고 있는 능력에 상응하는 장소에서 일할 수 있는 기회를 주지 않으면 어느 사이엔가 진취의 기상을 잃고 무능한 사원의 길로 떨어지고 만다. 입사 때는 그만한 재능을 갖고 있는 것으로 보이지 않더라도 적절한 지도와 적소(適所)를 얻으면 훌륭한 인재가 되는 경우가 많다."

미시간대학교의 노엘 티치 교수는 『리더십 엔진』에서 "위대한 리더는 위대한 스승이 되어야 한다."고 강조했다. 리더의 행동 하나하나를 수많은 사람들은 보고 있다. 리더가 공부하는 본보기를 보이는 것보다 더 좋은 인재 양성 방법은 없다. 리더는 자신이 떠나더라도 그 조직이 성장할 수 있도록 기초를 닦아 놓아야 한다. 자신이 그 조직을 떠나고 난 후 제대로 성장을 하지 못한다면 그는 훌륭한 리더라고 할 수 없다. 항상 부하들을 키워 자신의 자리에 앉힐 준비가 되어 있어야 한다.

하니웰의 전 CEO 래리 보시디도 "리더란 리더를 만들어 내는 사람"이라고 강조하며 다음과 같이 말했다.

"퇴직할 때 기억해야 할 것은 지난 해 1분기나 3분기에 무엇을 했느냐가 아니라 얼마나 많은 아랫사람을 성장시켰느냐 하는 점입니다. 리더의 덕목은 더 많은 리더들을 창조해내는 것입니다. 많은 리더들은 부하 직원들의 개발에 너무 이기적입니다."

리더를 평가하는 최종적인 척도는 그가 얼마나 성과를 냈느냐가 아니라 부하들을 어떻게 키워냈느냐가 되어야 한다. 진정한 리더는 다른 사람이 리더가 되도록 가르쳐서 자신 없이도 조직이 성장할 수 있도록 하는 사람이다. 성공하는 조직과 성공하는 리더의 핵심능력은 또 다른 리더를 창조하는 일이다. 리더는 리더를 만들어 내는 사람인 것이다.

CEO리더십연구소의 김성회 소장은 『강한 리더』에서 "강한 리더란 권력을 효율적으로 사용하고, 공평한 리더보다는 공정한 리더가 되어 신뢰를 구축하며, 감정을 통제하는 데 능숙한 사려 깊은 리더를 말한다."라며 착한 상사보다 부하를 키워주는 강한 상사가 되라고 충고했다. 그리고 이렇게 덧붙였다.

"부하 직원에게 상사란 성장력 자원이다. 즉 배울 게 있을 때 의미가 있다. 그런 면에서 무골호인인 착한 상사의 폐해는 '사이코패스' 악질 상사 못지않게 크다. 다만 사람이 좋으니 겉으로는 뭐라고 말은 못 하고 조용히 살 길을 찾아 떠날 뿐이다. 제 앞가림할 줄 아는 전도양양한 직원이라면 만만한 '친구형' 리더보다, '형님형'인 강한 리더에게 단련받고 싶어 한다."

평상시에 좋은 리더라는 이미지를 유지하기 위해 사소한 잘못을 눈감아 준다면 나중에 더 큰 실수를 할 수 있다. 정말로 훌륭한 리더는 부하들의 잘못을 눈감아주는 리더가 아니다. 부하의 잘못을 정확히 짚어주고 피드백을 통해 같은 잘못을 반복하지 않도록 해주는 리더가 좋은 리더다.

연세대학교 김형철 교수는 배우고 발전하려는 것이 인간의 본성이라고 강조했다. 그리고 "단순한 작업을 완수하고 난 후 사람들은 더욱 어려운 작업을 성취하고자 하는 욕구를 가진다. 그 작업에 의미를 부여하려고 하는 것이 인간의 본성이다. 그것이 바로 리더 중 최고의 리더가 부하를 키워주는 리더인 이유다."라고 덧붙였다.

부하를 키워주는 방법에는 크게 두 가지가 있다. 첫 번째는 큰일을 할 수 있는 기회를 제공하는 것이다. 자기계발의 가장 좋은 방법은 자신이 하고 있는 일을 잘해낼 수 있도록 방법을 찾게 하는 것이다. 두 번째는 교육의 기회를 제공하는 것이다.

반면 최악의 리더는 부하와 경쟁하는 리더다. 모든 일을 혼자 도맡아 하는 상사들이 있다. 부하가 성장하는 유일한 방법은 큰일을 맡을 기회를 가지는 것이다. 리더 혼자 일을 독식함으로써 그것을 방해하면 안 된다.

리더는 부하들의 성장과 발전을 자신의 중요한 임무로 인식해야 한다. 과거에는 윗사람에게만 인정받으면 그만이었으나 이제는 부하를 키우는 리더라야 훌륭한 리더로 평가받는다. 부하나 후임자를 키우지 못하면 그 조직이 지속적으로 발전할 수 없기 때문이다.

리더는 혼자서는 성공할 수 없는 존재다. 부하들을 지원하고 격려하여 성과를 내게 함으로써 평가받는 존재가 리더다. 자신의 의도를 잘 알고, 맡긴 일을 척척 해내는 부하를 갖는 것은 상사로서 최대의 복이다. 그러나 부하 직원이 모든 일을 완벽하게 처리하길 기대한다면 지나친 욕심이다. 부하 직원이 능력을 발휘하려면 시간과 정성이 필요하다. 로마가 하루

아침에 이루어지지 않은 것처럼 사람의 역량도 하루아침에 만들어지지 않는다.

콜린 파월의 말처럼 "리더가 하고자 하는 일을 끝내는 사람은 부하 직원"이다. 자신보다 뛰어난 부하를 키우는 리더야말로 큰 리더이며, 진정한 리더다.

10
명마를 키우듯이
인재를 키운다

> 천리마가 있어도 그를 알아볼 수 있는 백락이 없다면,
> 하찮은 주인을 만나 천대받고 혹사당하다가
> 결국 허름한 마굿간에서 죽게 될 것이다.
> • 전국책 •

1933년 미국 켄터키에서 볼품없는 망아지 한 마리가 태어났다. '씨비스킷(Seabiscuit)', 즉 바다(Sea)에서 먹는 비스킷(Biscuit)이라는 엉뚱한 이름을 가진 말이었다. 아빠 말은 명마였지만 이 녀석은 몸집도 작고, 다리도 구부정해 경주마로서는 최악의 신체 조건을 가지고 있었다. 또한 천성도 게을러서 보통의 말들이 서서 자거나 누워서 자더라도 5분을 넘기지 않는 것과는 달리 몇 시간씩 누워서 잘 정도였다. 당연히 무관심과 홀대 속에서 자란 씨비스킷은 비정한 마주들을 거치면서 매를 맞는 등 학대를 당해 성격마저 포학해졌다.

하지만 이 최악의 말은 끝내 미국 역사상 가장 뛰어난 경주마가 되었다. 과연 어떻게 이런 일이 벌어졌던 것일까?

그 비결은 '씨비스킷'의 잠재력을 알아본 새로운 마주와 조련사와 기수를 만난 데 있었다. 마주인 하워드는 한때는 백만장자의 사업가였지만 가족과 재산을 모두 잃어버린 사람이었으며, 조련사 톰 스미스는 잊혀진 카우보이였고, 기수인 존 폴라드는 한쪽 눈을 잃은 애꾸눈에 생계를 위해 낮에는 권투선수로 링에 서고 잠은 마구간에서 자는 그야말로 삼류 인생이었다.

이러한 루저들이 모인 이 드림팀과의 만남은 씨비스킷의 운명을 송두리째 바꿔 놓았다. 이들은 씨비스킷의 뛰어난 잠재력을 알아보고 조련에 들어갔다. 그들은 처음부터 서둘지 않았다. 그들은 거칠게 저항하는 녀석이 진정될 때까지 기다렸다가 부드럽게 다가갔다. 그리고 잠도 자고 싶은 만큼 충분히 자도록 배려하면서 달리고 싶은 마음이 들 때까지 기다렸다.

그다음으로 그들은 경쟁자를 만들어 주었다. 씨비스킷은 원래 영특한 머리와 탁월한 스피드, 불굴의 의지를 가진 말이었다. 이 말을 자극하기 위해 게이트가 열리자마자 상대 말에 가깝게 붙여 씨비스킷의 승부욕을 자극했다. 이러한 전략은 확실히 효과가 있었다.

마지막으로 성공에 대한 쾌감을 맛보게 했다. 기수인 존 폴라드는 다른 말보다 먼저 출발해 이 말이 결승선에 먼저 들어오도록 해서 승리감을 맛보게 했다. 승리에 대한 보상으로 당근이나 각설탕을 주고 칭찬을 아끼지 않았다. 그리고 패배했

씨비스킷

을 때에도 절대로 매를 들지 않았으며, 오히려 따뜻하게 격려했다. 씨비스킷은 점차 달리기에 취미를 붙이고 승리의 쾌감을 알게 되자 잠재력을 폭발적으로 발휘하기 시작했다. 평소에는 느려터지고 고집불통이었지만, 기분이 좋을 때는 적수가 없는 경주마로 돌변했다.

1930년대에 대공항으로 실의에 빠졌던 사람들은, 볼품없고 초라했지만 다른 명마들을 차례로 제치고 질주하는 씨비스킷에 열광했다. 이 이야기는 영화로도 만들어져 전 세계인의 눈시울을 적셨으며, 씨비스킷의 마구간은 공식적으로 미국 국가 등록문화재(NRHP)로 선정되었다.

만약 씨비스킷이 기대를 충족시키지 못한다고 해서 조련사들이 말을 혹독하게 다루었다면 어떻게 됐을까? 결코 좋은 결과를 얻지 못했을 것이다. 하물며 사람이야 어떻겠는가. 실수를 한다고 질책하거나 무시한다면 부하들의 성장은 불가능하다. 질책할 때에도 상대방의 자존감을 상하게 해서는 안 되며 세심한 배려가 필요하다.

혹시 당신은 씨비스킷과 같은 인재들을 쓸모없는 직원으로 방치하고 있지는 않은가. 당신이 훌륭한 조련사가 된다면 그들은 훌륭한 경주마로 거듭날지 모른다. 리더가 할 일은 이들을 알아보고 다듬어서 마음껏 능력을 발휘할 수 있도록 기회를 제공하는 것이다.

당나라의 문인 곽종원의 『종수곽탁타전(種樹郭橐駝傳)』에는 나무를 잘 키우는 노인에 대한 고사가 나온다. 곽종원이 '곽탁타'란 노인에게 나무 잘 키우는 비결을 묻자 그 노인은 다음과 같이 대답한다.

"내가 나무를 잘 자라게 하는 것이 아니라, 그 나무의 천성에 따라 자라게 할 뿐이다."

모든 사물에게는 다 제각기 주어진 본성이 있다. 나무는 나무로서의 본성이 있고, 사람은 사람으로서의 본성이 있다. 무슨 일이든 그 물건이 지닌 본성을 거스르면 잘 진행되지 않거나 잘 이루어지지 않는다. 한 그루의 나무를 심을 때에도 그 나무의 본성에 따라 극진히 돌봐주면 나머지는 저절로 된다.

이 이치는 사람을 다스릴 때에도 마찬가지다. 본래 고요하고 편안함을 추구하는 사람을 잘 다스려 보겠다고 쉴 새 없어 몰아치면 도리어 그 사람은 병들기 마련이다. 나무를 심고 가

꾸는 이치나 사람을 다스리는 도가 결코 다르지 않다. 어떻게 키우고 활용하느냐가 명마가 되게도 하고 무능한 말이 되게도 한다.

인간 중심의
리더십을 꿈꾸며

산을 오를 때 조금 빨리 가려고 가까운 길을 택하면 경사가 심하고 쉽게 지치는 길과 만나게 마련이다. 조금 멀어 보이는 우회로가 길게 보면 쉽고 가까운 길이다. 인간 중심 리더십은 산을 올라갈 때의 우회로와 같다. 처음에 느리고 효율성이 떨어지는 것처럼 느끼겠지만, 결국은 그것이 빠르고 승리하는 길이라는 점을 확신한다.

첫째도 사람, 둘째도 사람!

조직이 일을 한다고 말한다. 이 말은 반은 맞고 반은 틀리다.

그렇게 말하는 사람은 그 안에 있는 사람을 보지 못했거나 무시한 것이다. 조직은 책상이나 컴퓨터 같은 물건이 아니다. 조직은 각기 다른 개성을 가진 사람들의 집합이다. 이것을 망각하면 리더나 리더십은 없다.

맹자는 '천시불여지리, 지리불여인화(天時不如地利, 地利不如人和)'라고 했다. 즉 "하늘이 주는 때는 지리적인 이로움만 못하고, 지리적인 이로움도 사람의 화합만 못하다."는 뜻이다. 리더십은 결국 사람이다. 사람이 리더십의 시작이며, 끝이다. 사람을 얻으면 성공하고 사람을 잃으면 실패한다. 이것이야말로 동서고금의 진리다. 모든 왕조의 흥망성쇠도 결국은 사람을 얻느냐 잃느냐의 싸움이었다. 어떠한 조직도 여기서 예외일 수 없다.

사람을 얻는다는 것은 결국 사람의 마음을 얻는 것이다. 사람의 마음을 얻으려면 상대에게 감동을 주어야 한다. 리더가 진정으로 존중하고 배려한다고 느낄 때 부하들은 감동한다. 사람을 중심에 두는 인간 중심 리더십을 실천해야 하는 이유가 여기에 있다.

강한 리더만이 인간 중심 리더십을 실천할 수 있다

자상한 아버지보다 엄한 아버지가 되기 어렵다고 말한다. 마찬가지로 자상한 리더는 가능해도 엄한 리더는 되기가 어렵다. 그만큼 자신에게 엄격해야 하기 때문이다. 강하고 자신감 있는 리더만이 배려할 여유를 가진다. 강한 리더가 되려면 떳떳한 사람이 되어야 한다. 독재자는 강한 것 같지만 실은 불안하고 약한 존재다. 약하기 때문에 사람들을 강하게 통제하고 감시한다.

상대에 대한 관용의 태도도 강하고 자신감 있는 리더의 덕목이다. 고대 로마의 위대한 장군이자 정치가였던 카이사르는 적과 싸우면서도 적개심을 갖거나 미워하지 않았다고 한다. 적개심은 자신보다 강한 상대에게나 가지는 것이지 자기보다 약한 적들에게 적개심을 가지는 것은 부끄러운 일이라고 생각했다. 그래서 그는 치열한 전쟁이 끝나고 나면 적들을 용서하고 포용해서 로마의 동맹 세력으로 만들었다. 강한 리더들은 모두 이러한 특징을 갖고 있다.

리더는 좋은 것만 보여주는 배우가 아니다. 조직의 생존과 발전을 책임지고, 성과를 내야 하는 존재다. 일을 추진하다 보면 반대하는 사람도 있고, 결정적인 장애물에 부딪힐 수도 있다. 그러나 그 길이 조직 전체를 위한 것이라면 밀고 나가야 한다. 리더는 만인의 연인이 될 수도 없고, 되려고 해서도 안 된다.

부드러운 카리스마가 답이다!

현대의 리더들은 과거처럼 일방적이고 강압적인 방식이 더이상 가능하지 않다는 것을 이미 알고 있다. 힘들지만 소통과 배려를 통한 설득 과정은 반드시 필요하다. 사람은 명령하고 지시한 대로 움직이는 단순한 기계가 아니다. 자유로운 영혼을 가진 존재이며, 자신만의 꿈과 비전과 가치관을 가지고 있다. 사람은 존중받을 때 그에 걸맞게 행동하고, 믿어 줄 때 믿음을 준다. 모래를 손 안에 넣고 꽉 쥐면 모두 빠져나가는 것처럼 리더의 일방적인 지시나 지나친 통제는 반발을 불러오기 쉽다.

그렇게 본다면 부드러운 카리스마를 가진 리더가 훌륭한 리더라 할 수 있다. 부드러운 카리스마는 훌륭한 성품과 능력으로부터 나온다. 누구나 따르고 싶어 하는 사람, 누구와도 소통할 줄 아는 힘이 부드러운 카리스마다. 부하들은 이러한 상사를 진정한 리더로 인정하고 따른다.

삶은 메아리와 같다. 리더십도 메아리와 같다. 리더가 구성원들에게 무엇을 보여주느냐에 따라 그들도 동일한 것을 보여줄 것이다. 그들을 존중하고 배려하면 존경과 충성으로 보답하고, 무시하면 그들도 무시로 답할 것이다. 그러므로 리더들은 구성원들에게 무엇을 요구할 것인가가 아니라 무엇을 해줄 수 있는가를 고민해야 한다. 우리나라에 이러한 리더가 더욱 많아지기를 기원해 본다.

|참고문헌|

- 『경영은 사람이다』, 이병남, 김영사
- 『공감 리더십』, 리처드 보이애치스·애니 맥키, 에코의 서재
- 『글로벌 리더들의 리더십 DNA』, 김명희, 한국리더십연구회 지음 장서원
- 『디지털시대의 리더십』, 양병무, 좋은 사람들
- 『똑똑한 리더의 치명적 착각』, 크레이크 히크만, 위즈덤하우
- 『리더들이 알려주지 않는 리더십의 비밀』, 앤서니 스미스, 지형
- 『리더와 리더십』, 웨렌베니스, 황금부엉이
- 『리더와 리더십트랜드』, 노언필, IBS컨설팅리더십센터
- 『리더웨이: 이기는 리더가 되는 17가지 액션』, 송영수, 크레듀
- 『리더의 나침반은 사람을 향한다』, 공병호, 해냄
- 『리더의 조건』, 존 맥스웰, 비즈니스북스
- 『리더십, 불변의 법칙』, 이동연, 인물과 사상사
- 『리더십 시크릿』, 헤럴드 마이라·마셜 셸리, 생명의 말씀사
- 『리더십은 예술이다』, 맥스 드프리, 한세
- 『리더십 에센스』, 필 도라도, 해냄
- 『리더십을 말하다』, 서성교, 원앤원북스
- 『리더십을 버려야 리더가 산다』, 상상나눔, 임호선
- 『리더십의 심리학』, 딘 토즈볼드·메리 토즈볼드, 가산북스

- 『리더십의 종말』, 바버라 켈러먼, 씨앤아이북스
- 『리더십이란 무엇인가』, 최익용, 스마트비지니스
- 『리더십 인사이트』, 마이클 앤드류, 가산출판사
- 『배려–마음을 움직이는 힘』, 한상복, 위즈덤하우스
- 『사람을 남겨라』, 정동일, 북스톤
- 『사람을 움직이는 리더의 말』, 안미현, 흐름출판
- 『사람을 이끄는 힘』, 로버트 S. 캐플런, 교보문고
- 『사람이 모이는 리더 사람이 떠나는 리더』, 정영진, 리더북스
- 『사자소통–네글자로 끝내라』, 이남훈, 쌤앤파커스
- 『생각지도 못한 생각지도』, 유영만, 위너스북
- 『생명이 자본이다 : 생명자본주의 생각의 시작』, 이어령, 마로니에북스
- 『서번트 리더십』, 로버트 K. 그린리프, 참솔
- 『성공하는 사람들의 7가지 습관』, 스티븐 코비, 김영사
- 『세상을 바꾼 리더의 승자 리더십』, 이동연, 박영북스
- 『승자의 리더십』, 추친닝, 씨앗을 뿌리는 사람들
- 『CEO, 공자에게 길을 묻다』, 한국국학진흥원 국학연구소, 매일경제신문사
- 『실행이 답이다』, 이민규, 더난출판
- 『역사에서 리더를 만나다』, 유필화, 흐름출판

- 『예수의 비즈니스 리더십』, 찰스 C.맨즈, 해냄출판사

- 『우리는 강한 리더를 원한다』, 김성회, 쌤앤파커스

- 『우리는 천국으로 출근한다』, 김종훈, 21세기북스

- 『위기를 극복한 리더들의 생각을 읽는다』, 크리스토퍼 호에닉, 예문

- 『조직을 죽이고 살리는 리더의 언어』, 한근태, 울림

- 『전략의 리더십』, 엄광용, 나무의 꿈

- 『짐 콜린스의 경영전략』, 짐 콜린스, 위즈덤하우스

- 『최고의 리더』, 제임스 쿠제스/배리 포스너, 비즈니스북스

- 『최고의 리더는 어떻게 사람을 움직이는가』, 리슈에청, 라의눈

- 『탁월한 리더는 피드백이 다르다』, 김상범, 호이테북스

- 『통하는 리더』, 웨렌블랭크, 비전코리아

- 『하버드 리더십 노트』, 서성교, 원앤원북스

- 『행복한 논어읽기』, 양병무, 21세기북스

- 『행복의 리더십』, 이재혁 KBS스페셜제작팀, 알에이치코리아